TROIE
LA GUERRE DE TROIE

TROIE
LA GUERRE DE TROIE

DU MÊME AUTEUR

Villes mortes d'Asie Mineure, Pergame, Éphèse, Priène, Milet, Le Didymeion, Hiérapolis, petit in-8° carré, 43 photographies, 8 cartes et plans, Paris, Hachette, 1911. . . . . 4 »

De l'Ancienne à la nouvelle Phocée, in-8°, 12 planches, 1 carte, Paris, F. Lévy, 58, rue Laffitte, 1914. . . . . 2.50

Les Sculptures et la Restauration du Temple d'Assos en Troade, in-8°, 59 figures, Paris, E. Leroux, 1915. . . . . 5 »

PLANCHE I.

1. — TROIE ET LA PLAINE
Voir p. 59, 91-96, 100 *et sq.*

Troie. Frontispice.

FÉLIX SARTIAUX

TROIE
LA GUERRE DE TROIE

ET LES
ORIGINES PRÉHISTORIQUES
DE LA
QUESTION D'ORIENT

OUVRAGE CONTENANT
21 REPRODUCTIONS D'APRÈS LES
PHOTOGRAPHIES DE L'AUTEUR
ET 4 CARTES

PARIS
LIBRAIRIE HACHETTE ET Cie
79, BOULEVARD SAINT-GERMAIN, 79
1915

AUX HÉROS
DU CORPS EXPÉDITIONNAIRE D'ORIENT

Quasi cursores
vitaï lampada tradunt

PRÉFACE

Ce livre n'a pas la prétention d'apporter des données scientifiques nouvelles à la question d'Homère et de la guerre de Troie. La description des ruines, au début de la première partie — préface indispensable à toute étude homérique — n'est qu'un résumé des travaux de l'archéologie, dont j'ai cherché à condenser les résultats aussi clairement que j'ai pu, après un examen sur place. Les identifications proposées pour la ville et la plaine sont celles qui ont été indiquées par les auteurs des fouilles et dont j'ai pu vérifier l'exactitude. Je n'ai visité qu'une partie des régions de la Troade et des côtes de l'Asie Mineure dont je parle; mes notes ont dû être complétées sur ce point par les relations des explorateurs. L'étude du catalogue des Grecs, des Troyens et de leurs alliés, est inspirée par les travaux de deux philologues anglais : T. W. Allen et surtout W. Leaf, que j'ai suivi presque constamment dans mon étude du catalogue troyen. Enfin, l'idée du rôle économique de la citadelle a été mise en avant par V. Bérard et reprise par Ramsay, Leaf et van Gennep.

Mais, au cours de mes nombreux séjours en Grèce et en Asie Mineure, j'ai souvent songé à l'attrait et *au profit qu'offrirait une étude de l'*Iliade *entreprise dans le même esprit que* les Phéniciens et l'Odyssée. *J'ai été maintes fois frappé, comme le brillant auteur de ce savant ouvrage, par la précision des connaissances que le poète de l'*Iliade *possédait du monde préhellénique et des concordances générales que les fouilles mycéniennes établissent entre le poème et la réalité. Il m'a semblé que l'*Iliade *et l'*Odyssée *avaient été pendant trop longtemps étudiées à un point de vue strictement littéraire et que l'archéologie et la préhistoire donnaient un essor tout nouveau aux recherches homériques. Une conférence que j'ai faite, le 6 mai dernier, à la* Société d'Anthropologie de Paris *a été l'occasion de ce volume. Je serais heureux s'il pouvait contribuer à provoquer en France un travail qui fût le digne complément de l'œuvre de V. Bérard.*

J'ai pensé aussi qu'il serait intéressant de rassembler les idées et les recherches éparses dans des ouvrages ou périodiques spéciaux et d'en présenter à un cercle plus étendu de lecteurs les principales conclusions. Je n'ai pas craint d'entrer dans certains détails, estimant qu'une vulgarisation n'est vraiment féconde que si elle est solide. Je crois que nous avons encore beaucoup à apprendre des anciens et qu'il y a grand profit à faire pénétrer dans le grand public, d'une façon plus vivante, le goût et une connaissance plus approfondie de l'antiquité hellénique. C'est ce que j'ai tenté déjà, dans un ouvrage antérieur.

Il ne s'agit d'ailleurs pas seulement aujourd'hui de science et de culture. L'Asie Mineure a été l'un des plus beaux domaines de l'influence française; à tous points de vue, nous y avons été des initiateurs. Or ceux qui s'occupent des questions extérieures savent que, depuis cinquante ans, notre activité y a subi un recul dans tous les domaines, malgré les vives sympathies qui nous sont acquises dans le pays, alors que les entreprises allemandes de tous ordres n'ont pas cessé d'y réaliser les plus grands progrès. Dans l'archéologie, dont l'Allemagne a fait un des moyens efficaces de son influence et de son action, nous nous étions laissés peu à peu presque complètement déposséder; ce n'est qu'en 1913 que nous avons commencé à réparer les fautes commises. Je n'insisterai pas davantage; notre influence est encore profonde, mais ceux qui s'imagineraient que nos victoires et les avantages qu'elles nous vaudront suffiront à nous faire regagner tout le terrain perdu et que nous n'aurons qu'à recueillir sans peine les fruits de nos succès, commettraient la plus lourde erreur. L'exemple de l'admirable colonisation hellène sur les côtes de l'Asie Mineure, après la guerre de Troie, nous montre à la fois quels efforts sont nécessaires et quels résultats il est possible d'obtenir. Dans le rapprochement entre les événements actuels et ces entreprises du passé, nous ne devons pas chercher seulement un intérêt d'actualité, mais une nouvelle occasion de méditer sur les grandes leçons de l'histoire.

20 juin 1915.

F. SARTIAUX.

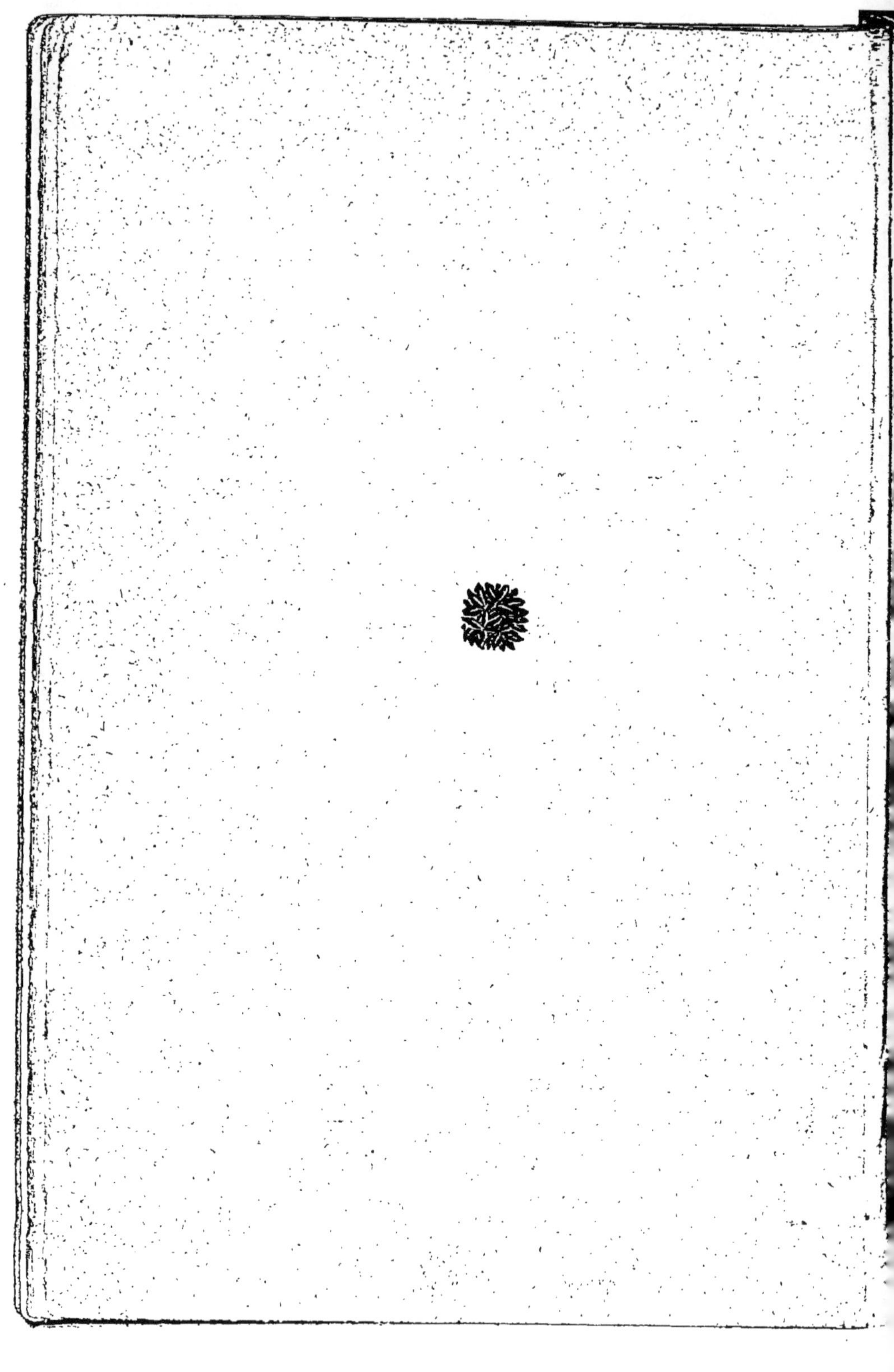

TROIE
LA GUERRE DE TROIE
ET LES ORIGINES PRÉHISTORIQUES
DE LA QUESTION D'ORIENT

INTRODUCTION

L'action des troupes et des flottes alliées sur les Dardanelles rapproche et confond l'héroïsme du présent et les souvenirs les plus illustres d'un lointain passé. Le Simoïs et le Scamandre, qu'encadrent encore comme aux temps homériques les ormes, les saules et les tamaris, ont rougi de nouveau du sang des guerriers; nos soldats campent en vue des murailles troyennes; notre canon réveille dans la grande plaine l'ombre de ces héros fameux qui, depuis trente siècles, sont restés à travers les âges les types les plus accomplis de la grandeur héroïque. Et, tandis que les femmes grecques jettent des fleurs à la mer et brûlent de l'encens sur le rivage, en se lamentant, à la façon antique, sur nos valeureux marins engloutis dans l'Hellespont[1], nous saluons les irréprochables guerriers d'Homère comme les premiers champions de cette civilisation, qui a résisté à tous les assauts et qu'il échoit à la France et à ses alliés de défendre contre une nouvelle barbarie.

Cette action nous fait saisir en même temps, d'une façon concrète et immédiate, l'importance qui s'attache à la liberté et à la maîtrise des détroits et fait bien comprendre, par analogie, le rôle économique, militaire et politique qu'ils ont joué dans l'histoire. Toute la politique orientale de l'Europe en a été remplie au cours des derniers siècles. Au XVIIe, les Turcs, qui voulaient en barrer l'accès aux Vénitiens, s'y sont vu infliger une sanglante défaite par l'amiral Mocenigo. Au moyen âge, les galères vénitiennes, génoises, catalanes, byzantines et turques s'y entre-choquaient. En 335 avant notre ère, c'est Alexandre qui, de la Chersonèse de Thrace, y lançait sur la côte d'Asie, contre l'armée perse, 20000 fantassins. Quelques années auparavant, Démosthène, de la tribune de la Pnyx à Athènes, insistait sur le rôle vital des détroits dans l'approvisionnement en blé de la Grèce. Dans les dernières années du Ve siècle, les flottes athénienne et spartiate s'y concentraient devant Aegos Potamos, où se décida le malheureux sort d'Athènes. En 480, Xerxès établissait un pont de bateaux sur

1. *Le Temps*, 22 mars, 3 avril 1915.

les Dardanelles pour y transporter ses légions. Au VIe siècle, Darius les traversait. Aux VIIe et VIIIe siècles, à l'époque des grandes courses maritimes et de l'expansion des colonies grecques en Orient, Phocée, Mégare, Milet créaient sur les bords de l'Hellespont, de la Propontide et jusque sur le pont Euxin, toute une série de comptoirs et de colonies, afin d'assurer le libre passage aux produits échangés entre la mer Noire et la Méditerranée.

Mais ne peut-on pas remonter plus haut? N'y avait-il pas déjà avant l'histoire écrite une question des détroits? Et ne peut-on trouver dans la préhistoire[1] des indices sur l'origine de la question d'Orient?

Il y a cinquante ans, c'était là un problème purement littéraire. En rapprochant les uns des autres les textes historiques ou légendaires que nous ont laissés les anciens, en accordant aux uns une confiance ou une autorité plus grandes qu'à d'autres, on pouvait aboutir à des combinaisons plus ou moins vraisemblables, mais dont aucune n'était fondée sur une connaissance positive des faits.

Il n'en est plus de même depuis que de nombreuses explorations géographiques et archéolo-

1. J'emploie le mot *préhistoire* dans son sens général d'*antérieur à l'histoire*; quoiqu'il s'agisse surtout, dans ce qui suit, de l'âge du bronze et non du paléolithique et du néolithique, et qu'une terminologie plus exacte eût exigé le mot *protohistoire*, j'ai préféré conserver au terme *préhistoire* son sens le plus courant.

giques et des fouilles ont été poursuivies dans l'aire méditerranéenne et que des comparaisons ont pu être faites entre les vestiges découverts dans cette région et ceux qu'a révélés l'étude de l'Europe continentale et de l'Orient sémitique. Ces fouilles et ces recherches nous ont apporté des données plus certaines, quoique encore très fragmentaires, sur l'état de la Méditerranée et de ses côtes entre le xxe et le xe siècle avant notre ère. Je rappelle brièvement les faits généraux les plus importants qu'elles ont mis en lumière et qui éclairent notre sujet.

C'est d'abord l'existence, dans tout le bassin de la Méditerranée, d'une grande civilisation, qui n'était ni sémitique, ni indo-européenne, la civilisation minoenne ou égéenne, qui a rendu aux vieilles légendes du roi Minos de Crète une part de réalité. Elle remonte, sur certains points, jusqu'à l'époque néolithique, couvre tout l'âge du bronze, atteint son apogée vers le XIXe ou le XVIIIe siècle et décline au XIVe. Son centre de rayonnement passe alors de la Crète aux côtes de la Grèce préhellénique, à Mycènes; la civilisation mycénienne, qui se confond avec la dernière période du minoen, disparaît elle-même vers le XIe ou le Xe siècle, par l'envahissement de populations indo-européennes venues du Nord. De la Crète, cette civilisation s'est répandue sur presque toutes les côtes de la Méditerranée, dans la Grèce des îles et la Grèce continentale, en Sicile, en Sardaigne et jusqu'en Espagne, à Cadix et à Saragosse, où des restes en ont été découverts dans des tombes; on en a trouvé des vestiges en Égypte, jusque sur le haut Nil, en Syrie à Sidon, et surtout à Chypre où ils sont très abondants; sur les côtes de l'Asie Mineure, ces vestiges sont encore très peu importants : sauf en Troade et en Mysie, où leur présence est nettement attestée, Milet est le seul point où des tessons mycéniens aient été jusqu'ici mis à jour; mais les explorateurs anglais ont trouvé de la céramique égéenne dans les vallées de l'intérieur, sur les bords du Rhyndacos, du Sangarios et de l'Halys[1] et E. Chantre a découvert, en 1894, de la poterie non lustrée semblable à la poterie mycénienne de Troie, dans la Phrygie centrale et à Ptéria (*Boghaz-Kieui*), la capitale du grand empire hittite en Cappadoce[2].

Cet empire hittite, dont nous avions des mentions dans des textes israélites, égyptiens et cunéiformes, commence aussi à renaître au jour. Ses monuments, explorés d'abord par Texier et Hamil-

1. D. G. Hogarth, *Aegean Civilization*, *Encycl. Brit.*, p. 246; Voir carte IV à la fin du volume.

2. E. Chantre, *Mission en Cappadoce*, 1893-1894, Paris, 1898, p. 38. Sur la civilisation minoenne et mycénienne en général, voir : R. Dussaud, *Les civilisations préhelléniques dans le bassin de la mer Egée*, Paris, 2e édit., 1914, et l'excellent tableau d'ensemble de D. G. Hogarth, dans *Encyclopaedia Britannica*, article *Aegean Civilization*, Cambridge, 1910, où l'on trouvera une documentation méthodique et abondante.

ton en 1835, par Perrot et Guillaume en 1861, puis par E. Chantre en 1893-1894, et tout récemment par Winckler et Garstang[1], témoignent d'une civilisation autonome, indépendante des civilisations égéenne, égyptienne et babylo-assyrienne, qui remonte au IIIe millénaire, et qui a constitué, à partir du XVIe siècle, un État considérable, dont le centre était à Boghaz-Kieuï en Cappadoce. Cet État a étendu sa domination sur le Nord de la Syrie et le Nord-Ouest de la Mésopotamie, il est entré en lutte avec Rhamsès II et a passé des conventions, au XIIIe siècle, avec Babylone et l'Égypte, qu'il traite

1. Sur les explorations et les fouilles hittites : G. Perrot et E. Guillaume, *Exploration archéologique de la Galatie*, etc... (1862-72); E. Chantre, *Mission en Cappadoce* (1898); W. M. Ramsay, *Athen. Mitteilungen*, 1889, *Recueil de travaux*, etc... (1892-1895), *The thousand and one Churches* (1909); von Luschan et autres, *Philol. Wochenschrift*, 1891, p. 803, 951, *Mitteilungen aus der Orientalistischen Sammlungen, Hefte* XI, XII, XIII et *Ausgrabungen in Sendshirli*, I, II, III, IV, Berlin, 1893-1907; H. Winckler, *Mitteilungen der deutschen Orient. Gesellschaft* et *Orient. Literaturzeitung*, Berlin, 1907; Macridy Bey, *La Porte des Sphinx à Euyuk* dans *Mitteilungen der Vorderasiatischen Gesellschaft*, Berlin, 1908, 3; *Liverpool annals of archæology*, I, 1908; J. Garstang, *Annals of archæology and anthropology*, I, 1908, et surtout *The land of the Hittites*, Londres, 1910, où l'on trouvera, p. 392 à 401, une abondante bibliographie. On voit qu'ici, comme dans presque toute l'Asie Mineure, la France, qui a été une initiatrice et a fait les premières explorations, s'est laissé supplanter par les autres nations et surtout par l'Allemagne, qu'on retrouve partout, dans l'intérieur comme sur les côtes, là où nous nous étions acquis des titres ou même, parfois, des droits.

d'égal à égales. A cette époque son pouvoir, ou tout au moins son influence, se fait sentir jusqu'à la Phrygie et à la région côtière qu'occupe la Lydie des temps historiques : il subsiste toute une série de vestiges hittites dans la région du Sipyle près de Smyrne. Mais le centre de l'empire paraît être passé bientôt de Boghaz-Kieuï à Carchemish, en Mésopotamie, sur l'Euphrate, et son importance semble décroître dans la partie centrale et occidentale de l'Asie Mineure, peut-être sous la poussée d'une première migration thraco-phrygienne. L'empire hittite reste néanmoins la plus grande puissance de la Syrie et de l'Asie Mineure jusqu'au XIe siècle, où elle commence à céder, d'une part, aux conquêtes assyriennes et, d'autre part, aux migrations de peuples indo-européens, qui continuent à affluer du Nord. Après une courte renaissance au Xe siècle, elle est complètement détruite, au VIIIe siècle, par l'expansion et la puissance assyrienne, et de ses ruines sortent deux monarchies, qui probablement lui avaient été d'abord soumises : la Phrygie et la Lydie[1].

1. Sur les Hittites en général, voir : G. Perrot et Ch. Chipiez, *Histoire de l'art dans l'antiquité*, IV, p. 483-804, Paris, 1887; A. H. Sayce, *The Hittites*, Londres 1888, traduction française : *Les Hétéens, histoire d'un empire oublié*, Paris, 1894; D. G. Hogarth, *Ionia and the East*, Oxford, 1909; J. Garstang; *The land of the Hittites*, Londres, 1910; W. Leonhard; *Hettiter und Amazonen*, Leipzig, 1911 ; bons résumés : L. Messerschmidt, *Die Hettiter*, collection *Der alte Orient*, I, 1,

Les mouvements de peuples, qui ont brisé la puissance hittite et submergé la civilisation égéenne, paraissent dus, pour la plus grande part, à des migrations successives de populations indo-européennes, qui s'étendent sur un grand nombre de siècles et qui, tantôt par infiltrations lentes, tantôt par invasions violentes, se sont répandues des vallées du Danube et de la Russie méridionale en Asie Mineure et en Grèce. Leur présence est attestée en Asie Mineure[1], à partir du xve siècle au moins, par les tablettes égyptiennes de Tel-el-Amarna (vers 1400) publiées par Champollion et par les tablettes hittites (vers 1370) découvertes en 1907 par Winckler à Boghaz-Kieuï en Cappadoce. L'arrivée de peuples apparentés en Thessalie, dans la Grèce centrale et méridionale, est également démontrée, à la fin de l'époque égéenne, par les changements qui se produisent dans l'industrie, dans le type et le style des poteries et qui substi-

Leipzig, 1903 et D. G. Hogarth, *Hittites*, article de l'*Encycl. Britan.*, 1910.

1. Sur les Indo-européens en Asie Mineure, voir d'Arbois de Jubainville, *Les premiers habitants de l'Europe*, Paris, 2 vol., 1889; S. Reinach, *Le mirage oriental*, dans *L'Anthropologie*, 1893, réimprimé dans *Chroniques d'Orient*, II, 1896, p. 509 et sq.; J. de Morgan, *Les premières civilisations*, Paris, 1909, p. 319 et sq.; Ad. Reinach, *Le disque de Phæstos et les peuples de la mer* dans *Revue archéologique*, 1910, I, p. 1-65; *Les Harri et les Aryens* dans l'*Anthropologie*, XXIII, 1912, p. 207-210; H. R. Hall, *The ancient history of near East*, Londres, 1913.

tuent le décor géométrique aux divers décors qui caractérisent la période mycénienne.

Ces mouvements sont donc certains. Mais leur histoire est encore très confuse et les divisions qu'on est tenté d'y introduire, dans le temps et dans l'espace, sont nécessairement artificielles et sujettes à revision. On peut cependant, à titre d'hypothèse tout au moins, se les représenter comme une double série de migrations.

L'une, la migration thraco-phrygienne, s'est produite d'Europe en Asie, par la Thrace, les Dardanelles et le Bosphore; les populations qui y ont pris part se sont infiltrées en Troade, en Phrygie, peut-être en Arménie et sur les côtes de la mer Noire. Ce sont elles qui contribuèrent plus tard à repousser vers le Sud, puis à détruire l'empire hittite, attaqué en même temps par les armées assyriennes, et c'est peut-être de leur mélange avec les populations locales, asiatiques, de la Troade que s'est formé le peuple des Troyens[1], que les Achéens réduisirent vers le XIIe siècle.

L'autre série de migrations a envahi la Grèce au cours et vers la fin de l'époque mycénienne; elle a infusé à la vieille société égéenne en déclin un sang nouveau et y a déterminé, après une période obscure qui ressemble à notre moyen âge, cette merveilleuse renaissance qu'a été la civilisation hellé-

1. Voir plus bas, p. 143 et sq.

nique, ce *miracle grec*, dont on peut aujourd'hui suivre avec plus de précision les origines et les antécédents, mais dont le développement admirable et prodigieusement rapide n'en est pas moins la véritable source de la civilisation occidentale. C'est à ces poussées venues du Nord que sont dues les émigrations maritimes des populations installées en Grèce et qui, s'y trouvant trop à l'étroit, se sont répandues, du XIIe au VIIIe siècle, sur les côtes de l'Asie Mineure.

La plus ancienne paraît avoir été constituée par les Achéens d'Homère, ou plus exactement les Achéo-Éoliens; car au groupe achéen était joint tout un ensemble d'éléments complexes, en provenance de plusieurs régions de la Grèce, que l'antiquité a désignés par le mot « *aiolos* », qui veut dire « mélangé », « bigarré ». Ces Achéo-Éoliens sont partis de la côte orientale de la Grèce et, par le chapelet d'îles qui font une sorte de pont naturel entre le golfe de Volo et le Nord-Ouest de l'Asie Mineure[1], ils ont débarqué en Troade et y ont trouvé, sans doute, les descendants des émigrés de Thrace, détachés comme eux du rameau indo-européen et mêlés aux populations locales, égéennes et surtout asiatiques, qu'ils avaient absorbées.

1. Le chemin est indiqué par Homère, dans le voyage qu'Achille menace d'entreprendre pour rentrer à Phthia (*Iliade*, IX, 362 et sq.); il compte trois jours, ce qui correspond bien à la distance.

Après la prise et la destruction de Troie, vers le xiie siècle, le mouvement a continué et appartient désormais dans ses grandes lignes à l'histoire. Les Achéo-Éoliens ont occupé peu à peu toutes les côtes et les îles au Nord-Ouest de l'Asie Mineure, puis les Ioniens et les Doriens sont venus s'installer, jusqu'au viiie siècle, au centre et au sud et ont donné à la carte des rivages de l'Anatolie la physionomie définitive, dont les écrits des historiens et des géographes anciens nous ont conservé une image assez précise.

Cette hypothèse d'un mouvement thraco-phrygien, antérieur aux mouvements achéo-éolien, ionien et dorien, semble de plus en plus vraisemblable. Les découvertes faites d'une part en Troade, d'autre part en Thrace et dans l'aire balkanique et danubienne, offrent de réelles analogies[1].

1. Sur cette question difficile, il n'existe encore que des travaux épars. Voir : H. Schmidt, *Schliemann's Sammlung trojanischer Altertümer*, Berlin, 1902; *Troja Mykene Ungarn*, dans *Zeitschrift für Etnologie*, 1904, 1905; Ch. Tsoundas, Αἱ προϊστορικαὶ ἀκροπόλεις Διμηνίου καὶ Σέσκλου; Vassits, *Prähistorische Zeitschrift*; II, 1910, p. 23 et sq.; Von Stern, *Die prämykenische Kultur in Südrussland*. Bon résumé dans A. J. B. Wace et M. S. Thompson, *Prehistoric Thessaly*, Cambridge, 1912, p. 231-235 et 257-258, où l'on trouvera une abondante bibliographie. Voir aussi : Ad. Reinach, *Les peuples de la mer et l'apparition des Hellènes dans la mer Egée*, dans *L'Hellénisation du monde antique*, leçons faites à l'École des Hautes Études Sociales, Paris, 1914, p. 1-44; J. Déchelette, *Manuel d'archéologie préhistorique celtique et gallo-romaine*, *Archéologie préhistorique*, Paris, 1910, p. 362; G. Leroux,

Que la culture danubienne de l'époque néolithique et de l'âge du bronze dérive de la civilisation égéenne, que celle-ci lui ait au contraire emprunté des éléments, ou qu'elles soient l'une et l'autre indépendantes[1], c'est une question qu'il est impossible de trancher à l'heure actuelle; mais il paraît probable qu'à ces époques lointaines la Grèce septentrionale, la Serbie, la Bulgarie, la Transylvanie et la Roumanie actuelles ont été en connexion avec la Thrace et la Troade et que, par les routes de la Macédoine et de la Thrace, des échanges se sont produits entre Troie et les peuples qui occupaient le Nord des Balkans. Cette aire d'influence semble même s'être étendue, dans l'Asie Mineure, en Phrygie et en Arménie, à l'Est de Troie, qui aurait été un point de contact important entre l'Orient et l'Occident.

S'il en a été ainsi, si Priam et les chefs troyens qui étaient groupés autour de lui étaient par leur origine, tout au moins partiellement, des indo-européens venus de Thrace, apparentés dans un passé

Les origines de l'édifice hypostyle, Paris, 1913, p. 165. Voir plus bas, p. 145.

1. Wosinsky et Vassits tiennent pour la première hypothèse, Schmidt et von Stern pour la deuxième, Wace et Thompson pour la troisième; voir pour la discussion et les références bibliographiques : Wace et Thompson, *Classical Review*, Londres, Déc. 1908, p. 233 et sq., *The connection of the aegean civilization with central Europe*, et Nov. 1909, p. 209 et sq., *The connection of aegean culture with Servia*, et *loc. cit.*, p. 233.

plus ou moins lointain aux chefs des confédérés hellènes, l'un des caractères les plus frappants de l'Iliade s'expliquerait facilement[1] : l'identité des mœurs, des pratiques, des idées qu'elle présente entre les deux groupes de peuples divisés par la guerre. L'habitation, les costumes, les armes, les coutumes, les conceptions religieuses, le culte, les rites funéraires, la mythologie sont les mêmes ; les héros troyens sont traités avec la même sympathie que les héros achéens ; les haines qui les opposent ne sont que des haines de circonstance, ou des haines individuelles, il n'y a pas de haine profonde de peuple à peuple : l'antagonisme entre l'Europe et l'Asie, si puissant dans l'histoire, n'existe à aucun degré ; la distinction entre le Grec et le Barbare, entre la civilisation européenne et la barbarie orientale, est encore complètement inconnue ; elle ne fera son apparition que beaucoup plus tard, au vi^e siècle, à l'époque des guerres médiques, pour se maintenir pendant toute l'antiquité hellénique, jusqu'à l'époque des conquêtes d'Alexandre en Asie et pour renaître, après quinze siècles d'hellénisme gréco-romain et byzantin, avec l'occupation des côtes asiatiques par les nouveaux barbares ottomans et turcs.

La guerre de Troie nous apparaît donc, dès maintenant, comme une image de l'expansion

1. Voir plus bas, p. 146-147.

achéo-éolienne, comme une création de la poésie, qui aurait concentré en un épisode unique tous les souvenirs héroïques de cette expansion.

Mais la question doit être serrée de plus près. Cet épisode n'est-il que le symbole d'un grand mouvement d'ensemble dispersé sur plusieurs siècles, un jeu de l'imagination brillante et inventive de l'esprit grec se créant une gloire légendaire? Ou présente-t-il en lui-même certains éléments précis ayant un caractère historique? La ville de Troie a-t-elle existé, quel rôle a-t-elle pu jouer, a-t-elle été réellement détruite? L'expédition des confédérés hellènes est-elle autre chose qu'un poème héroïque? Si elle a vraiment eu lieu, était-ce simplement pour reconquérir la beauté d'une femme et venger l'hospitalité outragée, ou seulement par besoin d'expansion, par goût des aventures, du pillage et de la rapine? N'y avait-il pas à la puissance de Troie et au désir des Grecs de lui porter un coup fatal des causes plus précises?

C'est ce que je me propose d'examiner en cherchant à dégager avec clarté les résultats des travaux les plus récents.

Je commencerai par les faits les plus positifs : la description des fouilles de Troie[1], qui nous ont ap-

1. Les fouilles de Troie ont été résumées par G. Sortais, *Ilios et l'Iliade*, Paris, 1892, p. 3 et sq., et par Perrot et Chipiez, *Histoire de l'art dans l'antiquité*, VI, Paris, 1894,

porté un témoignage incontestable sur l'existence et le caractère de la ville et sur sa destruction, et je comparerai ces caractères avec les descriptions qui en sont éparses dans l'Iliade. Puis, dans une deuxième partie, plus géographique et ethnographique qu'archéologique, je rapprocherai d'abord les données homériques de l'état des lieux, dans la plaine de Troie et dans la Troade environnante. Je montrerai que, si l'Odyssée, comme V. Bérard l'a développé, nous donne des renseignements très positifs sur la Méditerranée préhellénique, il en est de même de l'Iliade pour le Nord-Ouest de l'Asie Mineure; elle repose incontestablement sur une connaissance très exacte de la topographie et de la géographie. Il en est encore de même du *catalogue* des Grecs, des Troyens et de leurs alliés, qui, s'il n'est pas une fiction, comme l'exactitude

p. 154 et sq. ; mais ces descriptions sont antérieures aux derniers travaux qui ont dégagé la vil e d'Homère. Les indications de Déchelette dans *Manuel d'archéologie préhistorique, celtique et gallo-romaine, L'âge du bronze*, Paris, 1910, p. 31 et sq., de R. Dussaud dans *Les civilisations préhelléniques dans le bassin de la mer Égée*, 2e édit., Paris, 1914, p. 118 et sq., de L. de Launay dans *La Turquie que l'on voit*, Paris, 1913, p. 224 et sq., et celles que j'ai données dans le guide Joanne *De Paris à Constantinople*, Paris, 1912, p. 383 et sq. sont très sommaires. W. Leaf, *Troy a study in homeric geography*, en a fait un excellent compte rendu. Il m'a paru intéressant de résumer pour le public français les ouvrages compacts et arides de Schliemann, *Ilios*, trad. franç., Paris, 1885, et de Dörpfeld, *Troja und Ilion*, Athènes, 2 vol., 1902.

des données qu'il contient paraît bien le prouver, fait apparaître le conflit sous son véritable jour; par l'ampleur et la portée qu'il lui donne, il montre que ce conflit n'était pas une simple entreprise de brigandage, qu'il ne constitue pas seulement un épisode de l'expansion achéo-éolienne et que la question d'honneur, qu'il avait pour objet de régler, ne suffit pas non plus à l'expliquer complètement. Je terminerai enfin en rassemblant les données que nous trouvons dans l'Iliade sur les procédés de combat et le plan de campagne des Grecs contre les Troyens.

La guerre de Troie nous apparaîtra ainsi, tout au moins à titre d'hypothèse, mais d'hypothèse assez probable, comme la forme la plus ancienne des conflits qui, toujours pour les mêmes causes, se sont produits autour des Dardanelles et de la question des détroits, et la lutte qu'ont engagée les Hellènes contre les Troyens, à l'âge préhistorique, nous présentera des analogies curieuses avec celle que les Alliés soutiennent aujourd'hui contre les Turcs et les Austro-Allemands.

Ainsi le présent rejoint le passé le plus lointain, des causes et des fins analogues produisent des résultats semblables; une folie meurtrière s'empare à certains moments des peuples; mais, comme dit le vieux Polonius, « il y a quelque méthode dans cette folie ».

PREMIÈRE PARTIE

LA VILLE DE TROIE

CHAPITRE PREMIER

LES FOUILLES DE TROIE

Des Dardanelles à Troie

On pénètre de la mer Égée dans les Dardanelles entre le cap Hellé (Hellespont, la mer d'Hellé dans l'antiquité), en turc Siddil-Bahr, « la clé de la mer », et le misérable village de Koum-Kaleh[1], « la forteresse du sable », bâti sur les alluvions marécageuses du Scamandre, devant le cap Sigée, cap Sigeion de l'antiquité; la largeur est ici de quatre kilomètres. Au delà, des golfes creusés sur la côte asiatique élargissent le détroit, qui atteint au maximum huit kilomètres. A gauche se dressent les falaises de la Chersonèse de Thrace, jusqu'à la pointe de Kilid-Bahr, « le verrou de la mer »;

1. Voir photographie 17, pl. IX, p. 96.

en face de cette pointe s'avance le promontoire où se trouve la ville de Dardanelles; la distance des deux rives n'est plus que de dix-huit cents mètres[1]. Dardanelles[2], en turc Kaleh-Sultanieh, « la forteresse du Sultan », ou Tchanak-Kalessi, la « ville de la vaisselle ou de la poterie », est une petite ville animée, aux toits colorés, aux maisons peintes, escale de tous les navires qui vont de Smyrne, du Pirée et de Salonique à Constantinople. C'est actuellement la ville la plus importante de toute la région. Douze mille habitants s'y entassent, de races très diverses : turcs, grecs, juifs, européens, arméniens, tcherkesses, tziganes. Des marchands se précipitent à bord et vous offrent des broderies, de petits tapis, des faïences aux teintes vives, rouges, vertes, bleues et dorées, des poissons salés et des têtes de moutons frites. Le fort[3], qui a donné son nom à la ville, a été construit en 1472 par Mahomet II et remanié depuis; c'est un grand quadrilatère, formé de casemates et de murs crénelés, interrompus par des tours rondes; à l'intérieur se dresse une forteresse de même forme. En face, le

1. Voir cartes II et III.

2. Photographie 2, pl. II, p. 20. Le nom d'Hellespont pour le détroit est le seul que l'on trouve chez les auteurs byzantins; celui de Dardanelles apparaît pour la première fois sur une carte italienne du moyen âge, où il désigne les châteaux de Kilid-Bahr et de Kaleh-Sultanieh. Voir art. *Hellespontos* dans Pauly-Wissowa, *Real-Encycl.*, 1912.

3. Photographie 3, pl. II, p. 20.

fort de Kilid-Bahr, sur la côte d'Europe, a des dispositions analogues.

C'est des Dardanelles qu'on se rend à Troie. Il faut cinq à six heures à cheval ou en charrette lorsque les sentiers ne sont pas trop détrempés. La route traverse d'abord une petite plaine basse en bordure de la mer, puis monte en pente douce le long de la côte, jusqu'au joli village blanc de Ren-Kieuï, en face duquel le *Bouvet* a été coulé[1]. C'est un village grec, accroché au flanc et au sommet d'une bande de petites collines, au-dessus de la mer bleue. De là s'ouvre un large horizon. Auprès du village, ce sont les pentes douces des coteaux, où s'arrondissent les chênes, les oliviers et les noyers et où pointent de tendres peupliers aux troncs blancs. A l'Est, s'étendent les ondulations de la terre grasse, couverte de vallonées[2], riche appât pour les colons achéens. A l'Ouest, comme un large fleuve immobile, l'Hellespont, dominé par les falaises de la presqu'île de Thrace et, au loin, par la masse dentelée d'Imbros et les hauts sommets de Samothrace, reflète l'azur du ciel. Au Sud, la grande plaine de Troie, plate et nue, roussie par le soleil, couverte au lever du jour par des traînées de vapeur rose, s'étale jusqu'à un bourrelet de collines, qui la

1. Voir carte II.

2. De βάλανος, gland, espèce de chêne (*quercus aegilops*) abondante en Troade, dont le gland donne du tanin très utilisé en teinture et tannerie.

sépare de la mer Égée, et où tournoient les ailes blanches des moulins. Au delà de ces crêtes basses, les collines de Ténédos dressent leur sommet conique au-dessus de la ligne de la mer. Le paysage est vaste, divers et caractéristique; champs, vues marines, canal bleu, îles et côtes découpées aux lointains ineffables forment un cadre harmonieux, inondé de clarté, à la plaine silencieuse et désolée, où, sous le soleil brûlant de midi et dans l'embrasement du couchant, ne vivent plus que des souvenirs. On évoque la campagne romaine, morne dans l'éclat du jour, tragique dans l'ombre du soir, plus ample et aux contours moins précis que la plaine de Troie, mais dont la grandeur naît aussi du rapprochement de ce que l'on voit avec ce qu'elle vous suggère... J'étais à Ren-Kieuï un dimanche et, sur la colline, sous les grands chênes sombres où se pressaient les moutons, entre les bœufs, les chameaux et les oiseaux de basse-cour, s'ébattaient des enfants. Une jolie fille est passée, tandis que je contemplais l'horizon, la tête couverte d'un voile bleu, toute vêtue de rouge, la courbe des bras nus s'arrondissant au-dessus des épaules pour soutenir une grande jarre. Dans la lumière pourpre du soir, la démarche souple et fière d'Hélène m'a paru revivre en cette paysanne.

De Ren-Kieuï, on descend dans la vallée du Simoïs; à gauche, une très longue ligne de collines d'environ 50 mètres de haut, forme comme un ban-

2. — DARDANELLES
Voir p. 18.

3. — FORT DE KALEH SOULTANIEH
Voir p. 18.

deau que surmonte un petit plateau inculte et inhabité. A l'extrémité Ouest de cette ligne s'avance dans la plaine, en forme d'éperon, un tertre brun, tout bosselé par des entailles profondes. C'est le site de la Troie de Priam et d'Hector, aujourd'hui Hissarlik, « la petite forteresse[1] ». On dirait, de l'extérieur, une sorte de fort à éclipses, ou un énorme monceau de terre labouré par des obus. Il est formé par les décombres des villes qui s'y sont succédé et par les déblais des fouilles. A l'intérieur se dressent quelques pics de terre, laissés comme témoins et sur les flancs desquels on discerne les vestiges des villes successives.

Schliemann et les fouilles de Troie

Les fouilles présentent, au premier abord, l'aspect de la plus grande confusion. Elles ont été poursuivies par Schliemann, à partir de 1870, sans méthode et d'une façon désordonnée, dans l'intention de retrouver les trésors de Priam et d'illustrer les récits d'Homère, plutôt que de faire œuvre vraiment scientifique. Ce sont des fouilles romantiques, comme la vie de leur auteur, singulier personnage, grand promoteur de l'archéologie mycénienne, qui a commencé, comme garçon épi-

1. *Hissar*, en turc : forteresse ; le suffixe *lik* est un diminutif. Voir photographie 4, pl. III, p. 32.

cier, par vendre des harengs, du beurre et de l'huile dans une petite ville du Mecklembourg-Schwerin, et dont le goût et l'entente des affaires firent bientôt un des plus importants négociants en gros de Pétrograd, maniant les caisses d'indigo et brassant les affaires avec la même ardeur mystique et la même passion qu'il mit à emmagasiner hâtivement la connaissance du latin, du grec, de l'arabe, des langues et des littératures européennes, à parcourir l'Amérique, l'Égypte, la Syrie, les Indes, la Chine et le Japon et à défricher les champs vierges encore de l'archéologie préhellénique à Mycènes, à Tyrinthe et à Troie. Afin que nul n'en ignore, il a publié lui-même, de son vivant, une longue autobiographie de quatre-vingt-quatorze pages sur ses entreprises commerciales, ses serments d'amour que les événements démentirent, ses voyages, sa carrière archéologique. C'est un curieux document, qui vaut la peine d'être lu, comme témoignage de la fougue, de l'énergie et de la puissance, en même temps que du manque de réserve, de goût et de tenue de la mentalité germanique; mélange singulier d'infatuation et de confiance en soi très naïve, de sentimentalité romanesque, d'amour des affaires et de religiosité. La « divine Providence » est sans cesse occupée à protéger « merveilleusement » sa vie, à bénir « d'une façon miraculeuse » ses opérations, à prendre soin de sa gloire et à récompenser ses efforts « aussi hardis que désintéressés »[1]. Elle ne réussit pas toutefois à le garder d'une grave erreur : il mourut sans avoir découvert la ville qu'il avait tant cherchée et qu'il croyait avoir trouvée; ses fouilles n'ont pas mis à jour la ville de Priam et d'Hector; limitées à la partie centrale de la butte, elles n'ont pas dégagé les murailles de la citadelle homérique, qui enveloppaient des établissements plus anciens; dans la hâte et le désordre avec lesquels elles ont été conduites, elles en ont fait même disparaître, d'une façon irréparable, les vestiges les plus intéressants, superposés à ceux des villes antérieures; la pioche de Schliemann a donné le dernier coup à la fameuse cité, que tant de malheurs avaient déjà illustrée!

En 1882, il confia à un architecte archéologue très distingué, W. Dörpfeld, le soin de dresser le plan de ses premières découvertes. C'est alors que se produisit la fameuse controverse sur la « nécropole à incinération ». Un ancien officier d'artillerie, E. Bötticher, qui avait étudié les livres où Schliemann avait exposé ses travaux, prétendit que la citadelle d'Hissarlik n'était en aucune façon la Per-

1. *Ilios, ville et pays des Troyens*, traduct. française, Paris, 1885, p. 1-94. Voir S. Reinach, *H. Schliemann*, *Revue archéologique*, 1890, II, p. 416-419, réimprimé dans *Chroniques d'Orient*, I, 1891, p. 733-736; Ch. Diehl, *Excursions archéologiques en Grèce*, Paris, 1903, *Les fouilles de Mycènes*, p. 14-19.

game[1] de Troie, mais que la butte avait été créée par l'entassement de sépultures accumulées et des matériaux, qui avaient servi à ces opérations funéraires; les bâtiments mis à jour auraient été ceux où les cadavres avaient été brûlés. Il mena contre Schliemann une campagne très violente, favorisée dans le monde savant par le manque de modestie et la vanité du fougueux archéologue, par son inexpérience, par la confusion et l'imprécision de ses relations. Schliemann, après maint échange d'injures, provoqua finalement un grand débat contradictoire, où il conviait, sur les lieux mêmes, les archéologues de profession, offrant de payer tous les frais du voyage à ceux qui prendraient part à cette conférence. Elle se réunit en 1889 et en 1890 dans des maisonnettes en bois, qu'il avait fait construire dans ce but au pied de la citadelle, véritable petit village, que Perrot a plaisamment dénommé *Schliemannopolis*. Le triomphe de Schliemann fut complet, il eut la joie de réduire au silence son contradicteur et de lui faire confesser sa défaite; mais cette joie fut de courte durée : il mourut l'année même, après une dernière campagne pleine d'espérances.

Dörpfeld reprit les travaux, avec plusieurs savants collaborateurs, aux frais de Mme Schliemann, en deux courtes campagnes de 1893 et 1894,

1. *Pergamos*, dans l'*Iliade*, synonyme de citadelle.

qui révélèrent enfin ce qui reste de la cité homérique[1]. Ces travaux furent conduits cette fois avec compétence et méthode par un homme modeste, savant et expérimenté, mais qui vient de flétrir son honneur et son esprit scientifique, en inscrivant son nom sur ce honteux monument de basse complaisance politique, dressé par la science allemande : le manifeste des quatre-vingt-treize.

Les neuf villes. Indications historiques

Un caractère remarquable des ruines de Troie, c'est la superposition des couches qu'elles présentent. Schliemann en a trouvé sept, Dörpfeld neuf; ce n'est pas tout : on a pu distinguer dans la deuxième couche trois états successifs et deux dans la septième, ce qui porte à douze le nombre des époques dont il reste des traces stratifiées plus ou moins importantes. On n'a jamais trouvé nulle part d'exemple aussi complet de couches superposées.

Les matériaux dont il reste des vestiges plus ou moins considérables sont : 1° deux sortes de pierre calcaire, l'une dure, l'autre friable, qu'on trouve

1. Les fouilles n'ont pas été reprises depuis, il serait fort à souhaiter qu'elles le fussent. L'acropole n'est pas complètement dégagée, il reste à étudier l'établissement I, l'enceinte de l'Ouest et les tombes des anciens rois; la ville basse n'a pas été touchée.

l'une et l'autre dans les environs; 2° le bois, chêne et pin, qui n'est pas rare sur les collines voisines et dont il existait autrefois de grandes forêts sur les pentes de l'Ida; 3° enfin, l'argile, qui abonde dans la plaine. Cet argile a été employé en très grande quantité sous forme de briques séchées au soleil, qui se conservent bien, tant qu'elles restent à l'abri d'une trop grande humidité. On conçoit que, par la disposition de la ville sur un coteau, les décombres, qui n'ont pas été évacués, se soient accumulés ainsi sur place, et qu'en quelques siècles, sur un espace aussi restreint, le sol se soit exhaussé sensiblement. La hauteur totale de toutes les couches s'élève, en effet, en moyenne à 10 mètres et atteint même 15 mètres en certains endroits.

La première couche[1] est au niveau du roc, à 26 mètres au-dessus du niveau de la mer. Elle a été mise à jour, sur une bande assez étroite, par une grande tranchée, que Schliemann a creusée en 1872 du Nord au Sud. Elle s'étend sous la couche n° II, qu'il faudrait détruire pour dégager la première; mais des sondages méthodiques seraient intéressants. C'est un établissement très primitif, peu important, à ce qu'il semble, qui appartient suivant les uns à la fin de l'époque néolithique, suivant d'autres au début de l'âge de bronze[2].

1. Voir la coupe, sur la carte I.

2. Le doute provient de l'incertitude où l'on est sur les objets trouvés, appartenant réellement à cette couche.

Dussaud et Déchelette le placent à l'époque intermédiaire, à l'âge du cuivre; on peut le dater approximativement entre l'an 3000 et l'an 2500.

La couche II est très importante et constitue avec la couche VI le grand intérêt des fouilles de Troie; elle est à environ 30 mètres au-dessus du niveau de la mer, soit à 4 mètres au-dessus de la précédente. Nous sommes ici en présence d'une population riche et prospère, qui appartient à l'âge du bronze, dont il reste en abondance des objets en bronze, en argent, en or, des bijoux, une grande quantité de poteries, et qui a construit un système important et résistant de fortifications, à l'abri desquelles elle s'est installée. Elle a dû habiter le site fort longtemps, car on distingue nettement trois étapes successives dans son installation : à deux reprises les fortifications ont été, en effet, remaniées et agrandies. La ville a été détruite par une violente conflagration, comme en témoignent une grande quantité de bois calciné, qu'on a retrouvé à ce niveau, ainsi que des pierres noircies et des briques d'argile, qui ont été durcies par le feu; l'incendie a même été si violent, que certaines de ces briques ont été vitrifiées. C'est ce deuxième établissement que Schliemann a pris à tort pour la Troie d'Homère. Il se place approximativement entre l'an 2500 et l'an 2000.

Les débris de la deuxième couche ont formé un amas d'environ 2 mètres de haut, au-dessus des parties conservées, sur lequel se sont élevées successivement les trois installations suivantes, dont il reste peu de chose. Les populations qui les ont édifiées ont dû être des populations de pasteurs et de fermiers; elles les occupèrent entre l'an 2000 et l'an 1500. La dernière de ces installations, la couche V, manifeste des signes assez nets d'une renaissance; on peut la considérer comme le premier stade de la couche VI.

Cette assise est celle de la ville de Priam et d'Hector. On a pu la dater au moyen des poteries qui y ont été trouvées, qui sont de la fin de l'époque mycénienne. Elle a été détruite violemment par le feu et par le fer, d'une façon systématique et nettement délibérée. Les restes de cette ville se composent d'un ensemble de murs concentriques à ceux de la ville II. Au-dessus s'élevaient deux terrasses, peut-être une troisième, l'une à 32 mètres au-dessus du niveau de la mer, l'autre à 35 mètres environ; ces terrasses étaient occupées par des maisons. Une dernière terrasse s'élevait probablement au sommet, où devaient se trouver les temples et les palais du roi et des seigneurs; mais on n'en a trouvé aucune trace, car elle a été détruite à diverses reprises. La première destruction est celle que j'ai mentionnée plus haut; elle a laissé intacte la partie inférieure des remparts trop solide pour pouvoir être ruinée; les conquérants se sont contentés d'en démolir la partie supérieure et les habitations, dont les matériaux ont été réutilisés ultérieurement. Plus tard, au VIIe siècle, lorsque les colons grecs ont construit sur la côte les villes de Sigeion et d'Achilleion[1], ils ont employé pour cette construction des pierres prises à la sixième ville et dont un certain nombre ont été retrouvées sur l'emplacement de ces cités. A l'époque romaine, lorsque la colline a été aplanie pour y établir un sanctuaire, ce qui pouvait subsister de la dernière terrasse a complètement disparu. Enfin, j'ai indiqué que la pioche de Schliemann a bouleversé presque tout ce qui restait de cette malheureuse ville à l'intérieur de ses murailles.

La septième couche pose un problème insoluble dans l'état actuel de notre connaissance de la Troade, celui des populations qui se sont installées sur le site de Troie après la destruction de la ville homérique et avant la colonisation proprement dite par des émigrés venus de la Grèce au VIIIe siècle. Cette couche est unique, car elle est disposée sur le même niveau; mais, tant par les procédés de construction et par le plan des édifices, que par les poteries qu'on y a retrouvées, elle se distingue nettement en deux périodes. Pendant la première, les habitants ont utilisé exclusivement les matériaux de destruction de la sixième ville. Leur industrie présente un double caractère : d'une

1. Voir carte II.

part, les maisons sont d'un type différent des précédentes : ce sont des petites maisons à une ou deux pièces au plus, ouvertes sur le devant, adossées contre ce qui restait des remparts, qui n'ont pas été réédifiés; d'autre part, la poterie de cette époque est du même type que celle de la sixième ville. C'était certainement une population assez pauvre, qui n'a pas cherché à rétablir l'ancienne puissance de la forteresse. Mais d'où venait-elle? Deux explications sont possibles : quelques-uns des Grecs vainqueurs ou des colons venus de Grèce à leur suite ont pu apporter avec eux des méthodes nouvelles de construction et conserver la poterie en usage; ou d'anciens habitants, très diminués en nombre et en puissance, sont venus se réinstaller sur la ville détruite, selon une tradition persistante, qu'on trouve déjà dans Homère et d'après laquelle Anchise, Énée et leurs descendants ont continué à habiter la ville après sa démolition[1]. C'est un fait qui s'est produit souvent dans l'histoire; nous en voyons aujourd'hui même de lamentables exemples.

La deuxième période de la septième couche se distingue de la première par le système de construction des murs des maisons, qui, au lieu d'être

1. Hom., *Hymne à Aphrodite*, 196; *Iliade*, XX, 178-181, 300-308; Démétrius de Scepsis, *ap.* Strabon, XIII, p. 608; mais la tradition contraire a été admise par Hellanicus de Lesbos, *ap.* Strabon, XIII, 602.

édifiés avec de gros blocs réguliers, comme ceux de la première période, sont formés de dalles relativement minces et irrégulières posées de champ; ces maisons comprennent plusieurs chambres, qui communiquent entre elles par des portes latérales et dont quelques-unes sont groupées autour d'une cour centrale. La poterie appartient à deux types nouveaux : le type géométrique primitif, qui a succédé au type mycénien dans la Grèce continentale, et, en même temps, un type très grossier, fait à la main, avec des protubérances caractéristiques, qui a des analogies assez étroites avec la poterie fabriquée vers cette époque dans la basse et moyenne vallée du Danube. Plusieurs hypothèses peuvent rendre compte de ces faits : la population locale a pu subir de nouvelles influences, un ban de colons grecs a pu venir les remplacer. Ce qui est certain, c'est qu'à cette population s'en est superposée une autre, beaucoup plus primitive, amenée sans doute par le grand mouvement qui s'est produit vers le VIIIe siècle : l'invasion des Trères et des Cimmériens, peuplades indo-européennes, descendues de Thrace en Asie Mineure, et dont l'histoire a conservé des témoignages précis[1].

Avec la huitième couche nous entrons dans la période historique, celle de la colonisation propre-

1. Voir discussion très approfondie, mais un peu obscure, de A. Brückner, dans *Troja und Ilion*, II, p. 554 à 572.

ment dite de la Troade par des Grecs de Ténédos et de Lesbos, qui étaient peut-être originaires de la Locride. C'était encore une ville assez pauvre, de très peu d'importance. Elle n'a jamais figuré sur les listes des cités de la région qui payaient un tribut à Athènes. A cette époque, les villes de l'intérieur ont en effet perdu toute valeur, les colons grecs s'étant surtout installés sur les côtes : les Mytiléniens et les Athéniens à Sigeion, les Corinthiens et les Mytiléniens à Achilleion, les Athéniens ou les Rhodiens à Aianteion, les Milésiens à Lampsaque et à Abydos, d'autres à Rhoiteion et à Ophrynion. La seule richesse de Troie était dans ses souvenirs et dans son temple. De nombreux pèlerinages, des jeux et des fêtes, les *Ilieia* et les *Panathenaia*[1], y avaient lieu périodiquement.

Les données archéologiques manquent sur le temple. De l'édifice grec, pas une pierre n'est restée; mais Dörpfeld a pu établir, par une déduction ingénieuse, que le temple romain, dont seul il subsiste des vestiges, a été construit sur les fondations d'un temple antérieur. C'est par la tradition littéraire, qui en fait remonter l'existence jusqu'à l'époque troyenne, que nous sommes renseignés. L'enlèvement du Palladium d'Athéna par Ulysse et Diomède et surtout l'histoire et le rite des jeunes

1. M. P. Nilsson, *Griechische Feste von religiöser Bedeutung*, Leipzig, 1906, p. 92 et sq.

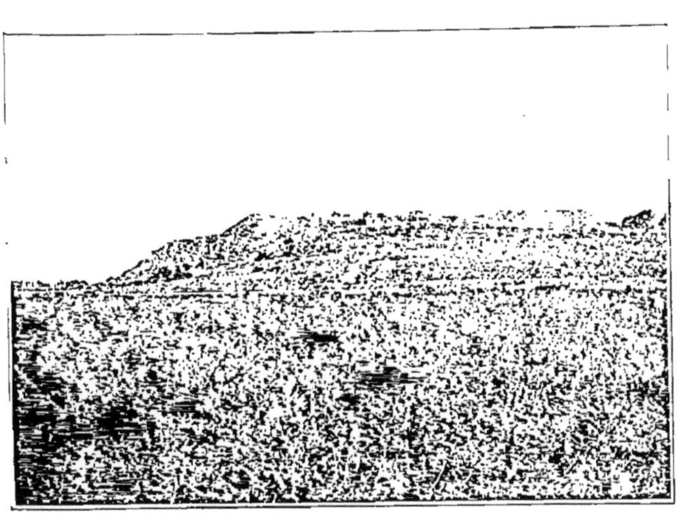

4. — BUTTE D'HISSARLIK

Voir p. 21. 197.

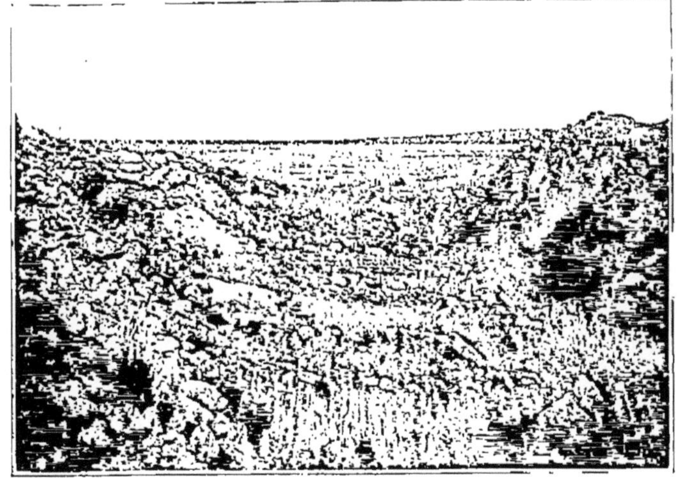

5. — RUINES DE TROIE

Vestiges de la première période.

Voir p. 26, 38.

filles, envoyées chaque année de Locride, en Grèce, pour servir la déesse — coutume qui, d'après une inscription importante du début du IIIe siècle avant notre ère, est un fait historique incontestable — tendent à faire rechercher très haut son origine, au moins jusqu'au VIIIe et au IXe siècle[1]. Dans ce cas, l'occupation de Troie par une colonie grecque remonterait jusqu'à la deuxième période de l'établissement VII et peut-être à la première[2].

Quand Xerxès partit pour la Grèce, il monta sur l'acropole de Priam et sacrifia mille bœufs à Athéna Ilias[3]. Deux siècles plus tard, Alexandre la visita et les Iliens lui montrèrent, accrochées dans le temple, les armes qui avaient servi à la guerre de Troie, y compris le bouclier d'Achille. Après sa victoire du Granique, il décida de l'agrandir et de lui rendre la prospérité qu'elle avait perdue. Mais ce serait Lysimaque, au dire de Strabon, qui aurait exécuté ce projet, au lendemain de la victoire d'Ipsos (301), et fait construire, ou reconstruire sur un plan plus vaste, aux pieds de l'acropole, la ville basse, dont on ne sait à quelle époque elle remonte;

1. Sur le rite des jeunes filles locriennes : Brückner, *loc. cit.*; A. Loisy, *Les Arréphores d'Athéna*, dans *Revue d'histoire et de littérature religieuses*, 1911, p. 387-888; W. Leaf, *Troy*, p. 126-144 et textes, p. 391-396; Ad. Reinach, *L'origine de deux légendes homériques, le viol de Cassandre, le rapt d'Hélène*, dans *Revue de l'histoire des religions*, 1914, I, p. 12-53 et II, p. 21-42; et plus bas, p. 59 et sq.

2. Voir plus bas, p. 61.

3. Hérodote, VII, 43.

cette ville basse est devenue la ville hellénistique d'Ilion[1] et semble avoir joui un moment de quelque fortune : on la trouve, en effet, au IIIe siècle, à la tête d'une ligue de villes grecques de la Troade groupées autour d'elle, depuis Lampsaque sur l'Hellespont jusqu'à Gargara sur la côte méridionale. Mais cette fortune fut de courte durée. Les Gaulois l'envahirent à deux reprises, en 278 et en 218. Au IIe siècle, elle décline de nouveau ; un savant compilateur de cette époque, originaire de la petite ville de Scepsis, sur le cours supérieur du Scamandre, Démétrius de Scepsis (auteur d'un grand ouvrage perdu, en 32 livres, sur le *catalogue des Troyens* et à qui Strabon a emprunté la plupart de ses renseignements sur la Troade), nous dit que les maisons d'Ilion, qu'il avait visitées, n'étaient plus couvertes que de chaume[2]. Le temple restait célèbre ; Antiochus le Grand s'y rendit en 192.

Les Romains arrivèrent en Troade en 190. Lucius Scipion offrit des sacrifices à Athéna Ilias ;

1. Voir carte I, *Novum Ilium* ; Strabon, XIII, p. 593-594. Grote, *History of Greece*, part. I, ch. XV, a soutenu cependant, et Dörpfeld semble le suivre sur ce point, que le texte s'appliquerait non pas à Ilion, mais à Antigonia, plus tard Alexandria Troas, sur la côte Ouest de la Troade. La question de l'époque à laquelle remonte cette ville basse de Troie est très incertaine ; des fouilles seules trancheront la question. Voir Dörpfeld, *Troja und Ilion*, p. 604 et sq, et plus bas, p. 115-117.

2. Strabon, *ibid.*

en 189, après la paix avec Antiochus, plusieurs villes furent annexées à Ilion « non pas tant pour « récompenser ses services, qu'en mémoire de la « source dont la nation est issue ». Mais la ville subit de nouveaux malheurs : Fimbria la ravagea en 85. Sylla et Auguste la rebâtirent. En souvenir d'Anchise et d'Énée, à qui Rome faisait remonter son origine[1], ils reconstruisirent complètement le temple, nivelant la terrasse supérieure de la ville[2] et y établissant un grand sanctuaire avec toute une série d'édifices annexes : autel, propylées, bouleutérion, maison des prêtres, dont il reste des vestiges importants. L'acropole de Troie n'est plus qu'une enceinte sacrée. L'Ilion de Lysimaque, Novum Ilium des Romains, reçut de nouveaux privilèges sous Néron, sous Hadrien, sous Antonin le Pieux et sous Marc Aurèle. Caracalla la visita en 214 et, à l'instar d'Alexandre, rendit des honneurs à la tombe d'Achille, à qui il éleva une grande statue en bronze. Constantin le Grand y commença la construction de Constantinople, mais décida finalement de la transférer à son emplacement actuel.

La dernière mention qui ait été faite de Troie, dans l'antiquité, est celle de la visite de Julien l'Apostat, en 355 ap. J.-C. Un évêque chrétien,

1. Sur la légende d'Énée et les origines troyennes des Romains, voir G. Boissier, *Nouvelles Promenades archéologiques, Horace et Virgile*; Paris, 1904, p. 127 et sq.

2. Voir plus haut, p. 29.

Pégasos, lui servit de cicerone. Le feu sacré brûlait encore sur les autels. Julien demanda à son guide pourquoi les Troyens sacrifiaient encore à Hector; l'évêque, très libéral, qu'on pourrait se représenter comme le premier des modernistes, lui répondit : « Pourquoi les Iliens ne vénéreraient-ils « pas les grands hommes de leur pays, comme « nous vénérons nos martyrs »[1]?

Pendant tout le moyen âge et dans les temps modernes, le site est resté complètement inhabité et désert, jusqu'aux premiers coups de pioche de Schliemann, en 1870.

Il résulte déjà de cette analyse que, si Troie a perdu toute valeur, en tant que ville, dès le xe siècle et aux temps historiques, elle a eu une très grande importance pendant toute la période qui s'étend entre l'an 2500 et l'an 1000. C'était alors une forteresse, petite par ses dimensions[2], mais importante par sa disposition en terrasses et d'une puissance défensive considérable pour l'époque. Elle a été détruite au moins deux fois à la suite des luttes violentes, dont la dernière coïncide précisément avec la date que la tradition a assignée à la guerre de Troie.

1. Lettre de l'empereur Julien, texte et traduction dans Schliemann, *Ilios*, trad. franç., p. 224 et sq.

2. Sur les dimensions comparées des villes mycéniennes, voir : Belger, *Philologische Wochenschrift*, 1891, p. 1154; Déchelette, *L'âge de bronze*, p. 127.

Les ruines de Troie

J'ai dit que la première vue des fouilles était un peu décevante et donnait une impression de confusion. Mais les grandes lignes en apparaissent assez vite et le plan de Dörpfeld (reproduit en le simplifiant sur la carte I placée à la fin de ce volume) met beaucoup d'ordre et de clarté dans cette confusion. Si la distinction des couches III-IV-V et celle des couches VII-VIII exige un examen un peu minutieux, les restes de la couche I et surtout les grandes murailles des villes II et VI se voient très nettement; elles sont disposées en deux cercles concentriques, un cercle intérieur (ville II) teinté en jaune, un cercle extérieur teinté en vert (ville VI) sur la carte I. A l'intérieur du premier cercle sont tous les vestiges des assises I à V : les lignes parallèles, hachurées en noir, de la couche I et les restes considérables de la ville II; les traces peu importantes des couches III, IV et V n'ont pas été figurées. Entre le cercle de la ville II et le cercle de la ville VI se trouve tout ce qui subsiste des villes VI, VII et VIII; les soubassements des édifices romains, en rouge, viennent couper à l'Est la muraille de la ville VI et se mélanger au Sud, au Nord et à l'Ouest, aux traits qui figurent les vestiges des autres assises.

COUCHE I

La photographie 5 (Planche III)[1] montre ce qui reste de l'établissement I. Son intérêt est dans son ancienneté. Il consiste en plusieurs lignes parallèles de petits murs disposés en travers de la grande tranchée Nord-Sud de Schliemann. L'un deux est formé par un arrangement assez curieux de pierres, disposées en arêtes de poissons (appareil en épis); les autres sont des amas de petits blocs bas de pierre non taillés et reliés par du mortier de terre. Leur épaisseur varie de deux à trois mètres.

On a mis à jour dans cette couche une accumulation de coquillages et d'os ou de fragments d'os brisés de bœuf, de mouton, de chèvre et de porc; des outils en pierre (haches polies, quelques-unes perforées, couteaux et racloirs en obsidienne et en silex), des fragments de jade, de diorite et de serpentine.

La poterie est grossière, faite à la main, d'une terre mêlée de gravier et polie avec un instrument de pierre, sans usage du four; on y trouve des écuelles, des cruches, des gobelets, des vases à anses en mamelons, simples protubérances perforées, où l'on devait faire passer une cordelette pour les suspendre; le décor se limite à des traits incisés, parfois incrustés de matière blanche, parallèles, en zigzags, de forme ondulée ou oculée (œil schématisé)[2].

1. P. 32.

2. Schliemann, *Ilios*, p. 263 et sq; J. Déchelette, *Archéologie préhistorique*, p. 362, p. 518, p. 562, p. 600 et sq.

COUCHE

La deuxième installation témoigne, ainsi que je l'ai dit, d'une civilisation beaucoup plus avancée. C'était une forteresse très solide mais de petites dimensions : 100 mètres de diamètre, de 300 à 400 mètres environ de circonférence, soit l'équivalent d'un rectangle de 100 mètres sur 80 mètres de côté. Les murs qui l'entouraient, qui subsistent à l'Est, au Sud et à l'Ouest seulement, étaient percés de deux portes principales; à l'intérieur sont des restes de maisons.

C'est l'étude attentive de ces deux portes qui a permis de diviser l'histoire de cet établissement en trois périodes, auxquelles correspondent des modifications dans le type des maisons et dans l'industrie. Les transformations de ces deux portes sont en tous points identiques. Pendant la première période, elles consistent en un long passage de 2 m. 50 de large, qui monte en pente douce et devait être utilisé par les chars (FL et FN de la carte I). Ce passage était tracé à l'intérieur d'une tour, qui s'avançait d'une quinzaine de mètres en avant du mur d'enceinte. Une série de piliers en bois étaient adossés de chaque côté contre les parois de ce passage, pour les soutenir et porter une voûte. A la deuxième période, la disposition est restée la même, mais le mur de l'enceinte a été repoussé de 7 à 8 mètres en avant, pour donner plus de place. Dans la troisième période, la disposition a été complètement changée. Le chemin couvert a été bouché et la surface en a été nivelée, l'ouverture a été murée et il en est résulté un gain important pour l'espace disponible à l'intérieur. Deux nouvelles portes ont été construites sur des types identiques, à quelque distance à l'Est de chacune des portes précédentes ainsi supprimées (FM et FO de la carte I). La disposition est toute différente. Au lieu d'un long couloir, nous avons une salle centrale flanquée de deux vestibules, l'un à l'intérieur, l'autre à l'extérieur de la citadelle[1].

A l'une de ces portes conduisait une rampe d'accès, qui est très bien conservée (photographie 6, planche IV)[2]; elle est pavée au moyen de dalles en calcaire soigneusement disposées, qui n'ont pas bougé depuis 3000 ans. On n'y voit aucune trace de roues; l'inclinaison est en effet trop forte pour que cette rampe ait pu servir à la circulation des chars.

Le mode de construction du mur apparaît nettement de chaque côté de la porte sur la photographie 6. Il est formé de petites pierres à peine taillées, qui n'étaient reliées entre elles que par un mortier de terre. Son inclinaison est assez faible, formant avec l'horizontale un angle qui varie de 45 à 60 degrés. On pouvait ainsi y grimper sans échelle. La hauteur conservée du mur va jusqu'à 10 mètres en certains points, son épaisseur varie entre 4 et

1. Voir dessin dans Dussaud, *Les civilisations préhelléniques*, p. 124, fig. 92.
2. P. 40.

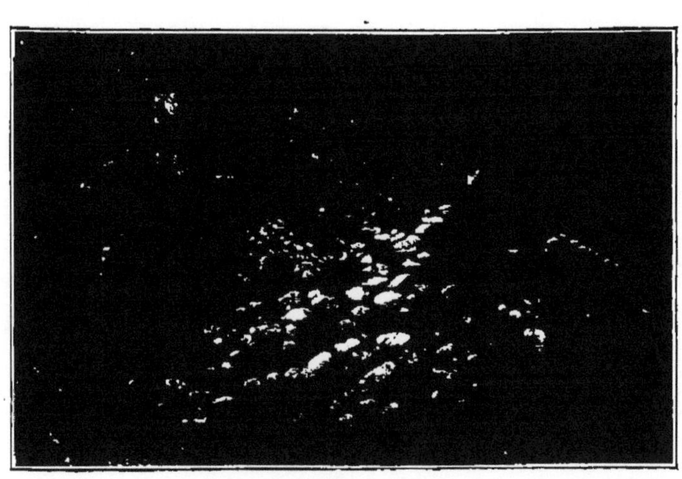

6. — RUINES DE TROIE
Ville II. Porte, rampe et muraille.
Voir p. 27, 28, 40, 41.

7. — RUINES DE TROIE
Ville II. Intérieur. Vue d'ensemble.
Voir p. 27, 28, 41.

5 mètres. Mais nous ne voyons là que l'infrastructure. Sur cette base s'élevait un mur vertical fait en briques de terre durcies au soleil. On n'en connaît pas la hauteur, mais elle dépassait 3 mètres, car on a retrouvé des parties qui ont cette dimension; l'épaisseur de ce mur vertical était de 3 à 4 mètres. Il devait être recouvert d'une galerie voûtée, car il faut un toit pour protéger les murs de terre contre la pluie.

On aperçoit de l'autre côté de la porte des murs de maisons. On a retrouvé une dizaine de ces maisons; les principales sont marquées II A, II B, II H, II K et II R sur la carte I. La photographie 7, planche IV[1], en donne une vue d'ensemble, dans l'intérieur de la forteresse. Ce sont des rectangles allongés, formant une ou deux pièces, avec un portique sur le devant; les soubassements étaient en pierre et les murs en briques séchées. Un caractère tout spécial et intéressant de ces murs est que les longs côtés s'avançaient à l'avant et à l'arrière en formant des espèces d'antes, qui étaient revêtues de bois sur un soubassement en pierre; ce revêtement avait pour objet d'aider à supporter les charpentes du toit et à protéger les murs contre la pluie[2].

La plus importante est celle qui est marquée II A; deux de ses murs ont malheureusement été démolis par Schliemann. On peut néanmoins en reconstituer

1. P. 40.
2. Voir sur ce point Dussaud, *Les civilisations préhelléniques*, p. 127-128 et fig. 94.

assez facilement le plan : il consiste en une grande pièce rectangulaire de 20 mètres sur 10 mètres, ouvrant sur un vestibule carré de 10 mètres de côté; au centre de cette pièce se trouvait un foyer circulaire, dont il reste des vestiges; devant le vestibule s'étendait une grande cour entourée de murs, qui, du côté opposé à l'entrée de la maison, étaient percés par une sorte de propylée (marqué II C sur le plan), qui y donnait accès. C'était sans doute le palais du roi[1].

Toutes les maisons étaient isolées les unes des autres et séparées par de petites ruelles.

Les restes architecturaux de murailles et de maisons ne sont pas les seuls témoignages que nous ayons de cette époque reculée; c'est à cette époque qu'appartiennent les fameux trésors — on n'en a pas trouvé moins de dix-sept dépôts — que Schliemann a appelés à tort « le Trésor de Priam »; ils sont beaucoup plus anciens qu'il ne le croyait. Ce sont des vases d'argent et d'or sans décor, des lingots d'argent, des plats en cuivre, une sorte de saucière en or à deux grandes anses, des armes en bronze, des broches, des anneaux, des spirales, des boucles et des torques en or, des pendants d'oreilles et deux diadèmes en or constitués par un grand nombre de petites chaînettes à mailles, terminées par de petits pendentifs en forme d'idoles primi-

1. Voir dessin dans Dussaud, *Les civilisations préhelléniques*, p. 125, fig. 93.

tives; deux bracelets en or, une épingle en or surmontée d'une petite cruche, une autre surmontée par un petit plateau portant six petites cruches en or, des parures en os à saillies globuleuses et hachures incisées, des figurines de taureaux et de petites idoles en forme de violon d'un type répandu en Orient et dans toute l'Europe préhistorique[1] (voir photographie 20, pl. XI)[2].

L'outillage comprend des instruments en pierre et en bronze[3]. Les seconds consistent en des haches plates, des haches à douille médiane et à deux taillants transversaux, des couteaux à languette et à soie, des lances plates à languette, des poignards allongés munis d'une soie mince recourbée du type chypriote. Parmi les premiers on a trouvé des haches en pierre (dont une en lapis-lazuli) imitant des haches en bronze, des têtes de sceptre en cristal de roche et les fameuses fusaïoles.

Ces fusaïoles sont de petits objets en terre cuite ou en pierre, de forme ronde ou tronconique, percés d'un trou au milieu et souvent ornés de dessins ou d'incisions sur leur partie la plus large[4]. On

1. Sur les trésors de Troie : Schliemann, *Ilios*, p. 570 et sq.; Perrot et Chipiez, *Histoire de l'art dans l'antiquité*, VI, p. 955 et sq; A. Götze, dans *Troja und Ilion*, p. 337 et sq.; Dussaud, *Les civilisations préhelléniques*, p. 140 et sq.

2. P. 144.

3. Le cuivre pur est rare, l'étain est toujours amalgamé au bronze.

4. Déchelette, *L'âge du bronze*, p. 463 et sq.; Dussaud, *loc. cit.*, p. 135 et sq.; p. 270 et sq.

a pensé qu'elles servaient le plus souvent de pesons pour les fuseaux, d'où leur nom; elles ont pu être utilisées aussi pour tendre les fils des métiers à tisser, ou, lorsqu'elles sont suffisamment lourdes, les mailles des filets à pêcher; elles ont pu encore, dans certains cas, n'avoir été que des ornements : de grosses perles qu'on enfilait en colliers. Elles sont très abondantes à Troie, dans toutes les couches préhelléniques; un nombre considérable en a été trouvé dans la plupart des fouilles de la Méditerranée. Celle qui est représentée sur la couverture de ce volume est ornée de *svastikas*, signes en forme de croix dont les branches ont la forme coudée d'un *gamma*; ce signe, très répandu dans toute l'Europe préhistorique, a été interprété par Déchelette comme un emblème du soleil en mouvement[1].

Dans la céramique on voit apparaître deux grands progrès : l'usage de la roue de potier et l'emploi du four. Mais la peinture est encore inconnue. On a trouvé dans cette couche les fameux vases à forme humaine féminine, corps nu où sont marqués le nombril, les seins, la vulve, les yeux, le nez, d'abord avec un réel souci d'exactitude, puis simplement stylisés; ce sont les vases qu'on a quelquefois appelés vases à tête de chouette; les autres types les plus caractéristiques sont les vases

1. *L'âge du bronze*, p. 453 et sq.; où l'on trouvera toute la bibliographie du *svastika*.

à anses percées, les coupes et bols, les vases à boire avec ou sans anse, les vases montés sur un cylindre ou anneau en terre cuite, les gobelets à deux grandes anses verticales (le δέπας ἀμφικύπελλον d'Homère)[1], les cruches à bec très allongé, les vases en forme d'animaux (voir photographie 21, planche XII, n°s 1 à 5)[2]. Le décor consiste en points, cercles, traits divers incisés, parfois remplis de matière blanche, et en protubérances[3].

Si ces découvertes nous ont renseignés assez abondamment sur la vie des Troyens de cette époque, il n'en est pas de même de leurs morts. Le mobilier funéraire est presque inexistant. En fait d'ossements, on a trouvé, comme appartenant à cette couche et peut-être aux deux suivantes, jusqu'à quatre squelettes de fœtus non brûlés, dont l'un d'environ six mois, dans des trépieds et des vases très grossiers faits à la main. Il n'est pas certain que l'incinération ait été en usage, les fouilles

1. *Iliade*, XV, 86; XXIV, 101-102; *Odyssée*, III, 35-63.
2. P. 160.
3. Pour les détails complets, voir : Schliemann, *Ilios*, p. 373 et sq.; articles de H. Schmidt et de A. Götze, dans la grande publication dirigée par Dörpfeld et publiée en 1902 sous le titre *Troja und Ilion*. Résumés dans : Perrot et Chipiez, *Histoire de l'art dans l'antiquité*, VI, p. 807 et sq., p. 817 et sq., p. 895 et sq.; J. Déchelette, *Manuel d'archéologie préhistorique, l'âge du bronze*, p. 32.; R. Dussaud, *Les civilisations préhelléniques*, 2e édit., p. 132 et sq.; E. Pottier, *Catalogue des vases de terre cuite, musée du Louvre*, I, p. 74 et sq.; *Vases antiques du Louvre*, I, p. 4 et pl. 5.

ont été trop mal conduites pour qu'on puisse en décider. On a retrouvé en outre deux squelettes entiers de guerriers, dont les crânes sont dolichocéphales, l'un nettement orthognate, l'autre à tendance prognathique; deux crânes et des fragments de squelettes de femmes, dont l'un brachycéphale à tendance prognathique très accentuée et l'autre dolichocéphale[1]. Il est probable, d'après les conditions des trouvailles, qu'il s'agit de guerriers et de « civils », qui ont été tués lors de la destruction de la ville et qui sont restés sans sépulture.

COUCHES III à V

Je passe rapidement sur les établissements III à V, dont il reste peu de chose, Schliemann en ayant bouleversé les vestiges pour arriver plus vite à la ville II. Quelques murs de maisons de l'installation III subsistent dans l'angle Ouest, parfois jusqu'à une hauteur d'environ deux mètres; dans l'une, quatre grandes jarres ont été retrouvées, qui servaient à conserver des provisions. On distingue aussi quelques traces de petites huttes appartenant à l'installation IV, sur les pylônes de terre qui n'ont pas été déblayés. L'assise V paraît se confondre avec la toute première période de la ville VI; Dörpfeld en a mis à jour quelques vestiges contre l'enceinte de cette ville VI.

1. Voir Schliemann, *Ilios*, p. 645 et sq.; R. Virchow, *Altrojanische Gräber und Schädel, Abh. der Kön. Pr. Ak. der Wissensch. zu Berlin*, Berlin, 1882 et H. Winnefeld dans l'ouvrage publié par Dörpfeld, I, p. 535 et sq.

La poterie de cette période est, pour les installations III et IV, la même poterie locale que celle de la ville II, mais un progrès se manifeste avec l'installation V, où l'ornementation témoigne des débuts d'une influence étrangère : la peinture apparaît sous une forme primitive, les spirales commencent à se substituer aux traits rectilignes et aux cercles des périodes précédentes.

Il y a donc eu, dans la cinquième période, un agrandissement important des villages III et IV et une intervention d'éléments nouveaux. Il se pourrait que l'établissement V correspondît à la ville dont l'Iliade et la légende attribuent la construction à Laomédon et la prise à Hèraclès[1], avant l'édification de la grande forteresse de Priam.

COUCHE V

Ce qui reste de cette forteresse est distribué en cercle autour de la deuxième ville. Le diamètre est de 200 mètres environ, soit le double du précédent; la surface en est donc quatre fois plus grande. La circonférence est de 600 mètres, la superficie d'environ 30000 mètres carrés en plan; mais la disposition en pente la rendait sensiblement plus importante.

Les restes dégagés jusqu'ici se composent d'une muraille conservée, comme celle de la seconde ville, à l'Ouest, au Sud et à l'Est, percée de trois grandes portes (VI U, VI T et VI S sur la carte I)

1. *Iliade*, V, 638 et sq.; XIV, 250-251; XV, 25 et sq.

et flanquée de trois tours (VI i, VI h et VI g). A l'intérieur se trouvent des vestiges de maisons, qui ne subsistent qu'à la périphérie et sont étagées sur deux terrasses, les principales sont marquées VI A, VI B, VI M à l'Ouest, VI C, VI E, VI F à l'Est.

La structure du mur d'enceinte est toute différente de celle de la muraille de la seconde ville et très remarquable. Elle est formée de gros blocs de pierre soigneusement équarris et disposés sans mortier, en appareil régulier (voir photographies 8 et 9, planche V, et photographies 10 et 11, planche VI)[1]. Aucune ruine de l'époque ne présente cet appareil et une semblable perfection. Sa hauteur atteint de six à dix mètres et son épaisseur est de cinq mètres environ; son inclinaison est sensiblement moins forte que celle des murs de la seconde ville. A la partie supérieure s'élevait, comme sur ceux-ci, un rempart vertical de même épaisseur que le mur et construit d'abord en briques séchées; il a été remplacé ensuite par de petites pierres bien taillées de même forme et de mêmes dimensions que ces briques; la nature des matériaux a alors permis de réduire son épaisseur, qui a dû varier entre 2 mètres et 2 m. 50; on en a retrouvé des traces ayant une hauteur de 2 à 3 mètres. La réduction de l'épaisseur a permis de

1. P. 48 et p. 56.

8. — RUINES DE TROIE
Ville VI. Tour Est et mur d'enceinte (Est).
Voir p. 28, 48, 49, 50, 58, 63, 77, 198.

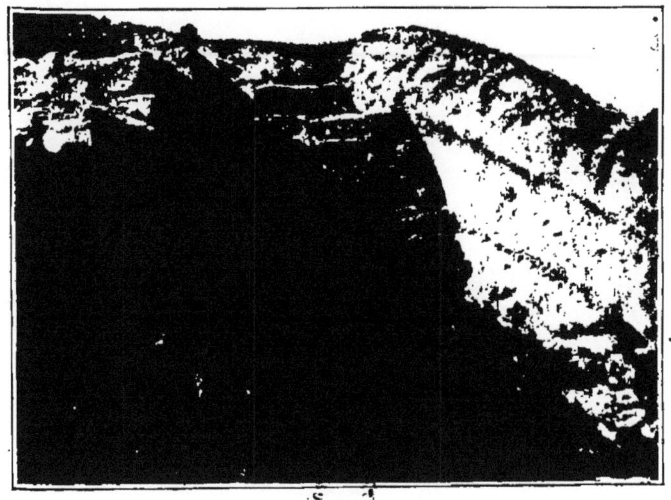

9. — RUINES DE TROIE
Ville VI. Tour Nord.
Voir p. 28, 48, 51, 58, 63, 77, 198.

ménager à l'intérieur, sur l'infrastructure, un chemin de ronde de 3 mètres de large.

Cette longue muraille d'enceinte de 600 mètres est formée d'éléments polygonaux, ayant chacun 10 mètres de long et formant les uns avec les autres des angles très obtus; à chaque angle se trouvent des contreforts très peu saillants, dont l'épaisseur ne dépasse pas 30 centimètres; ils ne pouvaient donc pas servir à consolider le mur, mais avaient seulement pour objet de rompre la monotonie de la longue ligne de pierres et devaient jouer ainsi un rôle esthétique.

Un fait curieux, sur lequel j'aurai à revenir, est que la construction de ce mur a été exécutée beaucoup moins soigneusement dans la partie conservée au Sud-Ouest : son épaisseur n'est plus que de 3 mètres au lieu de 5, son inclinaison est plus forte et les pierres dont il est formé sont moins bien taillées et disposées[1].

La porte située à l'Ouest (VI U) conduisait à la première terrasse, mais n'était plus en usage à l'époque où la ville a été prise. Celle du Sud (VI T), large de 3 mètres à 4 m. 50, était flanquée à l'Ouest par une grosse tour contenant une chambre intérieure; elle était à peu près dans l'axe de la porte centrale de la ville II et devait constituer l'entrée principale. J'aurai à reparler de cette

1. Voir Dörpfeld, *Troja und Ilion*, I, p. 113; II, p. 608; et plus bas, p. 79-80.

porte, mais les vestiges en sont trop peu importants et trop entremêlés de restes appartenant à d'autres époques pour que j'entre dans le détail.

La troisième porte, qui est située à l'Est (VI S), est formée par une disjonction du mur, dont une partie avance et vient envelopper et couvrir l'autre (voir photographie 8, planche V, et photographie 10, planche VI)[1]; la porte est percée entre deux. Cette disposition, qui se retrouve à la porte de l'Ouest, a pour effet que l'assaillant, voulant forcer l'entrée, se présente d'abord nécessairement de flanc et expose son aile droite aux coups des défenseurs, puis doit pénétrer entre les deux murs. Il en est autrement dans la ville II : les portes y sont ouvertes directement dans un pan de mur; l'assaillant, pour y pénétrer, se présente de face.

Le mur est flanqué de tours, dont il subsiste des parties très importantes : l'une au Sud (VI i), la seconde à l'Est (VI h) et la troisième au Nord-Est (VI g). La photographie 8 (planche V)[2] montre la tour de l'Est. Elle a environ 10 mètres de large et fait une saillie de 8 mètres en avant du mur. Le procédé de construction est semblable à celui des murs. D'après certains vestiges, un plancher, qui a dû être recouvert de terre sur une assez grande épaisseur, était disposé à plus de 3 mètres au-

1. P. 48 et p. 56.
2. P. 48.

dessus du niveau inférieur du sol; la chambre ainsi formée devait servir de cave. On y accédait probablement du plancher, qui se trouvait à peu près au niveau du chemin de ronde intérieur, par une trappe et une échelle, car il n'y a pas de trace d'escalier. Il est impossible de dire s'il existait encore un étage au-dessus, mais cette disposition est probable.

La tour du Nord (VI g) (photographie 9, planche V)[1] est la plus importante; c'est la partie la plus imposante des ruines. Elle subsiste sur une très grande hauteur, jusqu'à 10 mètres, et sa largeur n'a pas moins de 20 mètres. On aperçoit encore du côté Nord quelques-unes des briques de terre, qui formaient parapet et qui n'avaient pas été remplacées par des blocs de pierre. A l'intérieur de cette tour se trouvait un grand puits, marqué Ba sur le plan, qui a été remanié ultérieurement; il descendait jusqu'à 10 mètres au-dessous du sol et devait constituer le principal approvisionnement en eau; d'autres puits alimentaient aussi la forteresse : en Bb, non loin du précédent, et en Bc, à l'Est de la maison VI F.

Les édifices retrouvés sont de simples maisons d'habitation; elles sont constituées, pour la plupart, par une ou deux grandes chambres d'environ 8 mètres sur 10 mètres, précédées d'un portique

1. P. 48.

sans colonnes, que forme l'avancée des murs latéraux. La pièce principale ou unique est parfois divisée en deux nefs par une colonnade médiane. Le plan correspond à la division homérique en porche (αἴθουσα, πρόδομος, πρόθυρον), en *mégaron*, chambre principale ou chambre de réception, et *thalamos*, chambre à coucher ou peut-être gynécée. L'élévation des maisons est inconnue; l'existence de toits à double pente semble probable, mais a pu se combiner avec le système du toit horizontal en terrasse.

La maison que montre la photographie 11, planche VI[1], est la plus importante qui ait été dégagée (VI M sur la carte I); elle comprend trois ou peut-être quatre pièces contiguës, formant un ensemble assez complexe. Dans la chambre située à l'Est, on a retrouvé un grand nombre de jarres enfoncées dans le sol; c'était sans doute une chambre de provisions ou une cuisine. Le mur extérieur est remarquablement conservé et, chose curieuse, construit d'une façon identique à celle de la muraille d'enceinte, avec de gros blocs bien taillés, bien disposés et de petits contreforts très peu saillants qui viennent rompre l'uniformité de la surface.

Ainsi que je l'ai dit, il existait plusieurs terrasses, sur lesquelles ces maisons étaient disposées en cercles. Une série de ruelles droites étaient disposées en rayons et convergeaient vers le centre de

1. P. 56.

la citadelle, où devaient se trouver les maisons les plus importantes, les palais et les temples, il n'en reste plus aucune trace. Un grand chemin large de 8 à 10 mètres, très visible sur la photographie 11, entre la maison VI M et la muraille du Sud, circulait autour de la première terrasse, entre le mur d'enceinte et le premier cercle des maisons.

La forteresse a été complètement détruite par un ennemi. Les traces de feu sont moins importantes que dans la seconde ville, parce que la plus grande partie était construite en pierre. Mais l'action de l'ennemi est mise en évidence par la destruction systématique des remparts et des maisons, qui ont été presque complètement rasés jusqu'à leurs fondations.

Les restes d'outillage, d'objets et de poterie de cette période sont beaucoup moins nombreux que ceux de la seconde ville et d'une valeur très médiocre. Le fait est extrêmement frappant.

Quelques couteaux, quelques pointes de flèches, quelques aiguilles, perles et petits bracelets unis, sans décor, en bronze et en cuivre, épuisent la liste des trouvailles en outils et en objets domestiques et de parure. Aucune trace de l'usage du fer n'a encore été retrouvée[1]. Aucun ustensile de grande dimension, ni de valeur, n'a été découvert. Les seules tombes mises à jour jusqu'ici et

1. Götze, *Troja und Ilion*, I, p. 396.

appartenant avec certitude à cette époque, sont au nombre de deux, trouvées en dehors des murs, en 1893; elles consistent en deux urnes, dont l'une contenait les restes d'un cadavre incinéré, avec des fragments d'anneaux en bronze et un peson de fuseau, l'autre les ossements de deux fœtus d'enfants[1].

La poterie est un peu plus abondante. Elle est caractérisée par deux faits : le développement de la peinture et celui du style mycénien, qui s'ébauchaient dans la période précédente (V). Les formes et le décor se rattachent à deux groupes. L'un comprend la poterie mycénienne (troisième style de la peinture lustrée), dont la décoration consiste en poulpes, coraux, algues, coquillages à pourpre et dessins géométriques, surtout la spirale avec toutes ses variétés[2]. Mais il n'en reste guère que des tessons; aucun beau vase, comparable à ceux de Mycènes ou de la Crète, n'a été trouvé. Le second groupe, plus important, est de fabrication locale; il se divise lui-même en deux catégories : les imitations de vases mycéniens, dont le nombre et l'intérêt ne dépassent pas ceux du groupe précédent, et les types locaux antérieurs développés, dont le nombre est sensiblement plus élevé. Dans cette

1. *Troja und Ilion*, p. 536. La plupart des tombes trouvées en dehors des murs sont d'époque romaine; mais l'exploration est loin d'avoir été faite complètement.

2. Voir planche XII, n°s 6 et 7, p. 160. Pour la bibliographie voir plus haut, p. 45, note 3.

dernière catégorie, les vases à figure humaine, les vases à anses pleines perforées ont disparu, l'ancien *depas amphikypellon* n'est presque plus employé; mais les cruches à bec, les coupes basses à deux anses, les pots en forme de marmites sont nombreux. Leur décor consiste surtout en lignes ondulées et en stries horizontales, obtenues au moyen d'un instrument nouveau : un petit outil métallique à dents très fines. Les exemplaires intacts sont très rares, ils sont assez communs et sans beauté. (Voir photographie 21, planche XII, n°s 6 et 7)[1].

On est très surpris de la pauvreté de ces trouvailles, qui ne sont pas en rapport avec la grandeur et la perfection du travail architectural des fortifications. Il est vrai que les fouilles proprement mycéniennes n'ont pas été poussées très loin, elles n'ont été poursuivies que pendant les deux courtes campagnes de 1893 et de 1894; mais toute l'acropole a été fouillée antérieurement, d'une façon très complète quoique désordonnée, par Schliemann, et, parmi les objets innombrables qu'il a trouvés, un très petit nombre seulement ont pu être attribués à la sixième ville. Si elle a joui de la grande prospérité que vante si fort la tradition littéraire, que sont devenues ses richesses? Je ne vois qu'une explication. Cette tradition nous dit que la ville a été pillée de fond en comble par les conquérants; Homère

1. P. 160.

nous apprend dans l'Iliade que, pendant la longue durée du siège, toutes les richesses de la cité ont dû être vendues[1]. D'autre part les fouilles ont montré qu'elle a été systématiquement démolie. Ces renseignements homériques doivent répondre à la réalité : nous verrons plus loin combien l'Iliade abonde en données exactes de cette sorte; je crois qu'on a beaucoup exagéré son caractère légendaire. Le petit nombre des trouvailles de la sixième ville pourrait être invoqué comme un témoignage de plus de l'historicité du poème.

Les fouilles des villes I à VI me semblent mettre en évidence d'autres faits, qui n'ont pas été suffisamment remarqués.

Le premier est l'influence très faible exercée sur Troie par la civilisation égéenne et minoenne, qui florissait dans la Méditerranée bien avant la sixième ville.

Les villes II à V n'ont révélé à peu près aucune trace de cette civilisation, qui a été si considérable et dont l'attrait s'est exercé si loin; la ville VI n'a emprunté elle-même qu'un très petit nombre d'éléments à la toute dernière période de cette civilisation, puisque, si les découvertes de la sixième couche ont été peu nombreuses, la proportion des objets mycéniens est très faible dans l'ensemble.

Le second est l'absence presque complète de

1. *Iliade*, XVIII, 287-292; voir plus bas, p. 212.

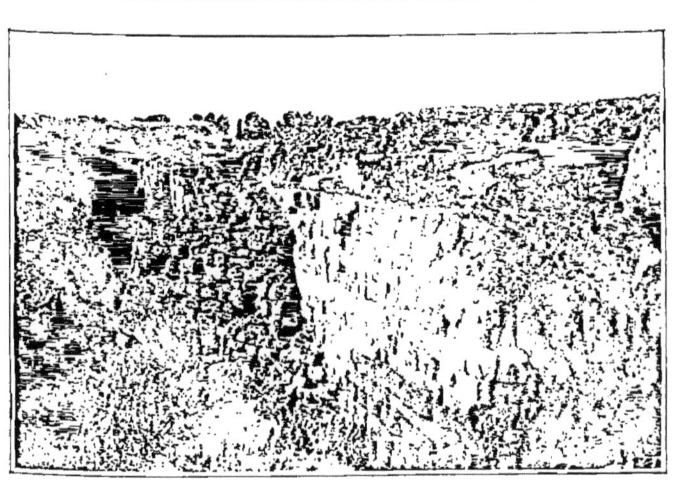

10. — RUINES DE TROIE
Ville VI. Mur d'enceinte (Est).
Voir p. 28, 50, 58, 63, 77, 198.

11. — RUINES DE TROIE
Ville VI. Maison et mur d'enceinte (Sud).
Voir p. 28, 52, 53, 77, 198.

beauté et de développement artistique de cette culture troyenne. Les bijoux de la ville II, les trésors de Schliemann qu'on voit aujourd'hui au musée de Berlin, paraissent en réalité assez primitifs et barbares; ils ne peuvent entrer en comparaison avec les poignards richement ciselés, les belles coupes, les élégantes peintures trouvées à Mycènes, à Tyrinthe, à Vaphio, à Phylacopi et qui n'appartiennent eux-mêmes qu'à un art en décadence, lorsqu'on le rapproche de celui de Cnossos et de Phaistos en Crète, de celui de Babylone et de l'Égypte[1]. Les Troyens n'appartenaient ni à la civilisation égéenne ni aux brillantes civilisations orientales; ils n'étaient, d'après ce qu'ils ont laissé, ni de grands techniciens, ni de grands artistes, mais essentiellement, il me semble, de grands constructeurs, des guerriers et des commerçants. J'aurai à revenir sur ces deux points.

J'ai indiqué plus haut (p. 29-31) les caractères **COUCHE V** généraux des constructions et de la poterie dans les deux périodes de l'installation VII. Le fer n'apparaît pas encore; mais un moule en pierre, spécial pour la coulée du fer, montre qu'il était connu à cette époque[2]. Les restes architecturaux consistent presque exclusivement en murs de maisons, grou-

1. Voir Perrot et Chipiez, *Histoire de l'art dans l'antiquité*, I, II, IV; pour la Crète : Dussaud, *loc. citat.*, où l'on trouvera la bibliographie.
2. Götze, *Troja und Ilion*, I, p. 408.

pés entre les enceintes des villes II et VI, dans l'angle Ouest et à l'Est entre la tour VI h et la tour VI g. Un grand nombre de grosses jarres ont été retrouvées dans le sol de ces maisons, dont on aperçoit les murs sur les photographies 8 et 10, planches V et VI[1], au-dessus de la muraille mycénienne.

UCHE VIII Les ruines de l'assise VIII, qui s'étendent de la fin du VIIIe siècle jusqu'à l'époque romaine, sont situées dans les deux mêmes régions, où elles sont entremêlées à celles de l'assise VII. Leur début est nettement caractérisé par l'introduction du fer et de la poterie peinte à décor géométrique. Ce sont quelques pauvres murs de maisons dans le groupe Ouest et quelques restes d'une muraille extérieure adossée, à l'Est, contre l'enceinte mycénienne.

Le monument le plus intéressant de cette époque est un grand escalier en pierre, bien conservé, de 40 marches, très raide et très étroit (1 m. 25), qui s'élevait sur une hauteur de 30 mètres. Il est situé à droite de la grande tour VI g sur la photographie 9, planche V[2], où l'angle de la tour en cache la vue. Sa raison d'être s'explique facilement. Les puits Bb et Bc, dont il a été question plus haut, avaient été recouverts par les débris des murs qui les entouraient, le puits Ba, qui alimentait le temple, était réservé à un usage sacré dont je parlerai plus

1. P. 48 et p. 56.
2. P. 56.

bas. Les Grecs utilisèrent en conséquence un quatrième puits, marqué Bh sur le plan et qui se trouve au pied de la tour VI g, à l'extérieur. L'escalier reliait ce puits à la citadelle; afin d'en assurer l'accès en cas de siège, les Grecs avaient construit, à l'extérieur du vieux mur, un bastion, qui, entourait à la fois le puits et l'escalier.

A cet escalier, au puits Ba et au temple, dont il ne reste plus une pierre, mais dont l'emplacement est assuré (plus haut, p. 32)[1], se rattache une histoire singulière, qui doit être relatée, parce qu'elle a trait à la destruction de la Troie homérique et fournit des éléments à la discussion de la réoccupation de la ville, après sa destruction à l'époque VI. C'est l'histoire du tribut annuel de deux jeunes filles offert, pendant toute la période grecque historique, par les Locriens à la déesse Athéna[2].

Pendant le sac de Troie par les Grecs, Cassandre, l'une des filles de Priam, se réfugia dans le temple, embrassant la statue de la déesse. Le locrien Ajax

1. La photographie 1, planche I, en frontispice, a été prise de cet emplacement.

2. Plus haut, p. 33 et note 1. Les textes sont les suivants: Lycophron, 1141-1173; scholie de Tzetzès à ce texte, 1141-1168; Polybe, XII, 5; Plutarque, *De sera numinis vindicta*, XII; Strabon, XIII, 1, 40; Aelien, *Hist. var.*, frag., 47; Aeneas Tacticus, 31, 24; reproduits dans W. Leaf, *op. cit.*, p. 392-396, et la fameuse inscription découverte en 1897, dont on trouvera le texte, la traduction et la discussion avec toutes les références dans Ad. Reinach, *Revue d'histoire des religions*, 1914, I, p. 14 et sq.

courut à elle, l'arracha de la statue, qui fut renversée, et l'outragea. Ce sacrilège attira sur lui et sur son pays la vengeance d'Athéna, qui, pendant qu'Ajax périssait misérablement dans son voyage de retour, répandit une peste effroyable en Locride. L'oracle d'Apollon, consulté, fit connaître que, pour satisfaire la déesse, deux jeunes filles locriennes devaient être tirées au sort et envoyées chaque année à Troie, pendant mille ans suivant les uns, jusqu'à ce que la déesse fût apaisée suivant d'autres, pour y remplir le rôle de servantes dans le temple. Débarquées près d'Aianteion, sur la côte de l'Hellespont, elles devaient gagner le sanctuaire, de nuit, par des voies souterraines et en se cachant; si quelqu'un les rencontrait, il pouvait les prendre et les tuer, et, dans ce cas, devait brûler leurs cadavres sur un bûcher d'arbres sauvages et jeter leurs cendres du haut de la colline dans la mer. Une fois dans le sanctuaire, elles étaient condamnées à y rester, à le balayer et à l'arroser; elles avaient les cheveux coupés, étaient vêtues d'une simple tunique et marchaient nu-pieds. Elles ne pouvaient en sortir qu'en se cachant et passer devant l'image de la déesse que de nuit.

Le fait de l'envoi annuel des jeunes filles est historique; rapporté par plusieurs auteurs, il a été confirmé récemment par une longue inscription, relatant une convention passée vers 230 av. J. C., pour régler les conditions dans lesquelles la tribu locrienne d'Ajax devait continuer à fournir cet envoi. A. Loisy[1] a rapproché le mystère dont ces jeunes filles étaient entourées et la survivance qu'on trouve dans le récit d'un ancien meurtre rituel, des cérémonies pratiquées à Athènes par les jeunes filles, qui habitaient le temple d'Athéna Polias sur l'Acropole et que les Athéniens appelaient les *Arréphores*. Ce rapprochement me paraît très justifié pour le service des jeunes filles; mais le meurtre (que certains textes désignent comme une lapidation), les cendres jetées à la mer et l'histoire du viol de Cassandre et de la souillure du temple d'Athéna, me semblent plutôt se rapporter à un vieux rite de purification, comme celui des boucs émissaires, des *pharmakoi* d'Athènes, par exemple, qui aurait été associé à un ancien rite agraire[2]. Quoi qu'il en soit, ces pratiques n'ont rien d'invraisemblable. Les seuls points douteux sont: la durée du service, qui n'était pas à vie, l'époque de son origine, qui se place entre le VIIe et le IXe ou le Xe siècle, et celle où il prit fin. Plutarque nous dit que ce fut peu avant le temps où il écrivait (Ier siècle de notre ère), d'autres textes indiquent pour sa durée mille ans après la guerre de Troie.

1. *Revue d'histoire et de littérature religieuses*, Paris, 1911, p. 387.
2. Ces associations de rites sont très fréquentes. L'hypothèse d'Ad. Reinach, *loc. cit.*, d'après laquelle il s'agirait d'un très ancien rite d'*hiérogamie*, me paraît bien subtile.

Le témoignage du passage souterrain existe en tout cas dans les ruines. On ne pouvait pas accéder au puits Ba au niveau du sol, une dalle de pierre en bouchait l'ouverture (voir photographie 13, planche VII)[1]; mais l'entrée en a été retrouvée à un mètre au-dessous de ce niveau : le passage qui y aboutit a deux mètres de large et 3 m. 25 de haut[2], il vient de la direction du Nord; son origine était quelque part près de l'escalier et il devait sans doute communiquer avec le temple, auquel le puits fournissait l'eau sacrée nécessaire pour les cérémonies et les lustrations. C'est un exemple bien curieux d'un rite, qu'on serait tenté de traiter à première vue de légendaire, qui se trouve confirmé à la fois par une inscription et par des fouilles. Il se pourrait aussi que ce passage secret fût celui par où Ulysse et Diomède pénétrèrent dans le temple pour s'emparer du Palladium[3], le « passage étanche étroit et souterrain » dont il est question dans un fragment de Sophocle[4], ou tout au moins celui que les *cicerones* devaient montrer comme tel aux visiteurs de Troie.

OUCHE IX Je ne dirai que quelques mots du sanctuaire romain, qui ne se rattache que très indirectement à notre sujet. Ainsi que je l'ai indiqué, les travaux

1. P. 68.
2. Dörpfeld, *Troja und Ilion*, I, p. 177 et fig. 67, 68, 69.
3. *Odyssée*, IV, 244-264.
4. *Lacaenae*, 337 (Nauck). Cité par Leaf, *loc. citat.*, p. 144.

édilitaires des Romains ont consisté à aplanir la partie supérieure de l'acropole et à substituer un large plateau, soutenu par de gros murs, à la ville en terrasses. Ces murs de soutènement sont très visibles à l'Est, où ils viennent couper ceux de l'enceinte de la ville VI (IX M, IX N sur la carte I, voir photographies 8, 9, 10, planches V et VI)[1]. On distingue aussi un propylée (IX D) au Sud et deux édifices de destination inconnue, l'un (IX B) au Sud, l'autre (IX A) à l'Ouest. Du temple (IX P) et de l'autel (IX Z), il ne reste que des vestiges ; le théâtre (C) n'a pas été complètement déblayé. Les monuments les plus intéressants sont quelques restes du puits Ba (photographie 13, planche VII)[2], sur lequel une élégante lanterne circulaire, en marbre et à colonnes, avait été construite et dont tous les éléments ont été retrouvés à terre, et surtout le joli petit édifice en forme de théâtre, *bouleutérion*, salle de réunion des magistrats ou des principaux personnages de l'administration du sanctuaire, dont la photographie 12, planche VII[3], montre les ruines et qui rappelle les constructions analogues trouvées à Priène et à Milet en Ionie[4] (B sur la carte I).

1. P. 48 et p. 56.
2. P. 68.
3. *Ibid.*
4. Voir F. Sartiaux, *Villes mortes d'Asie Mineure*, Paris, 1911, photographie 21, p. 120, et photographie 31, p. 176.

CHAPITRE II

HOMÈRE ET LA VILLE DE TROIE

Les fouilles d'Hissarlik sont, avec les données géographiques et ethnographiques dont je parlerai plus loin, les faits les plus positifs auxquels on puisse rattacher une théorie de la guerre de Troie. Il faut, pour cela, rapprocher des lieux le texte le plus ancien que nous ayons, le plus voisin des événements, celui qui a été la source principale de tous les autres textes anciens qui ont repris la question dans la suite : l'Iliade.

La question Homérique.

Mais d'abord qu'est-ce que l'Iliade, quelle valeur peut-on lui attribuer ? Je rappelle brièvement où en est la question, qui, depuis cent ans surtout, a fait couler plus d'encre que la question d'Orient n'a fait répandre de sang et n'a pas soulevé moins de disputes entre savants que le problème politique entre diplomates, véritable « question d'Orient » de la littérature, que la science allemande a certainement contribué à approfondir, mais qu'avec son esprit de système et sa manière souvent pédante et confuse, elle a aussi grandement embrouillée.

Elle porte sur trois points : le mode de formation du poème, sa date, la société et la région où il est né.

Sur le premier, le signal de la dispute fut donné par Wolf; ses *Prolégomènes à l'Iliade* (1795) ont été le point de départ de la théorie *folk-lorique*, qui a été très en faveur, surtout en Allemagne, et dont Lachman[1] a été le principal promoteur. Dans ce système, l'Iliade, comme l'Odyssée, se sont faites... toutes seules; ce sont des « productions organiques, dynamiques », de la conscience populaire. L'Iliade a été décomposée ainsi en 16, en 18, en 40 lais juxtaposés, d'origine et d'époques différentes; système insoutenable, œuvre de savants myopes, qui ont disséqué artificiellement le poème, chant par chant, vers par vers, mot par mot, sans tenir compte de l'unité et de l'harmonie certaines de l'inspiration, des sentiments et des idées. Entre cette théorie et la théorie opposée de l'*unité absolue* et complète de l'œuvre, qu'on ne peut pas maintenir intégralement, se placent deux tendances intermédiaires. Dans l'une, on admet l'existence d'un *noyau primitif*, restreint, mais indécomposable, autour duquel seraient venus se grouper et se cris-

1. *Betrachtungen über Homers Ilias*, 1835.

talliser une série d'additions postérieures et de remaniements successifs, comme les Évangiles synoptiques, autour du *proto-Marc*; c'est le système de Wolf, d'Egger, de Grote, de Bergk, de Christ. Il ne me paraît pas non plus acceptable. Si ce noyau avait existé, on finirait par le découvrir; or aucun des partisans de cette méthode ne s'accorde avec les autres, après plus de cent ans de recherches, sur la constitution de ce chant originel. La seconde, celle qui semble prédominer de plus en plus, surtout en France, est celle de l'*unité relative* : l'Iliade forme un ensemble, un poème développé, comprenant l'action dans toute son étendue et attribuable à un même poète, mais qui a subi des altérations, des additions, des suppressions, des transpositions au cours de sa transmission à travers les âges. Cette conception, que Croiset a développée dans son *Histoire de la littérature grecque*, me paraît être la vraie; la question est seulement de savoir quelle a été l'importance et l'étendue des remaniements. J'incline très fortement, comme M. Bréal[1], V. Bérard[2], A. van Gennep[3], A. Lang[4], à les restreindre considérable-

1. M. Bréal, *Pour mieux connaître Homère*, Paris, 1906.
2. V. Bérard, *Les Phéniciens et l'Odyssée*, Paris, 2 vol., 1903, II, conclusions, p. 544-608. Voir aussi G. Sortais, *Ilios et Iliade*, Paris, 1892.
3. A. van Gennep, *La question d'Homère*, Paris, 1909.
4. Andrew Lang, *Homer and the Epic*, Londres, 1894; *Homer and his age*, 1906, et *The World of Homer*, 1910.

ment. Je ne crois même pas, comme le soutient Bréal, que « les morceaux qui ne nous apprennent rien » et les « répétitions » soient nécessairement des morceaux ajoutés après coup; je suis très porté à croire, par exemple, comme je le développerai plus loin, que le *Catalogue* des confédérés grecs, des Troyens et de leurs alliés, à la fin du IIe chant, appartient au poème primitif.

La question de date est, en un sens, indépendante de la précédente. On peut admettre la multiplicité de l'Iliade, et placer les divers morceaux dont on la compose à des époques assez voisines. Mais les partisans de cette conception ont pour la plupart supposé que cette mosaïque de fragments se répartissaient sur une longue durée, généralement sur quatre siècles : du xe au viie; idée inacceptable, je crois, comme celle dont elle dérive et que contredit l'unité remarquable des mœurs, des idées, de la religion, de la société homérique; cette unité me paraît incontestablement faire de l'Iliade, pour l'essentiel, l'œuvre d'un seul âge. Reste à savoir duquel, de quelle époque et de quelle société.

Un petit nombre d'auteurs, Kirchoff[1], par exemple, et tout récemment M. Bréal[2], en ont abaissé la date jusqu'au viie et même jusqu'au

1. Edit. de l'*Odyssée*, 1859, et *Gesammelte Aufsätze*, Berlin, 1869.
2. *Loc. cit.*

VIe siècle, vers l'époque où, d'après des textes très tardifs et en grande partie légendaires, Pisistrate aurait confié le recensement du texte athénien à une commission, qui l'aurait définitivement arrêté[1]; ils pensent que le poème a été, dans l'ensemble, l'œuvre d'un seul et même auteur, qui aurait utilisé des rapsodies et des cantilènes antérieures. Mais la plupart le considèrent comme plus ancien et le placent entre le Xe et le début du VIIIe siècle. Croiset et V. Bérard indiquent la date admise par Hérodote : 850 avant notre ère.

Où a-t-il pris naissance? Cette question est connexe à la précédente. Les uns, ceux qui abaissent au VIIIe ou au VIIe siècle la date de la composition du poème, pensent que c'est dans la société déjà développée de la Grèce archaïque, dans une des cours des rois de Lydie ou d'Ionie. Sept villes se disputaient dans l'antiquité la gloire d'avoir donné le jour à Homère : Cyme, Smyrne, Colophon, Chio en Asie Mineure; Argos, Salamine et Athènes en Grèce propre. Si l'on rejette la théorie de la formation populaire de l'Iliade, si l'on admet l'unité du poème et, pour la plus grande part, sa

1. Sur le recensement de Pisistrate, voir Lang, *Homer and his Age*, p. 32-35 et p. 44-50; *The World of Homer*, p. 281-288. Que l'Iliade et l'Odyssée aient pu être transmises par l'écriture et non seulement par récitation orale, est un fait généralement admis aujourd'hui, depuis que l'usage de l'écriture dans la Méditerranée, à partir du XVe siècle au moins, est établi par les découvertes des tablettes minoennes.

12. — RUINES DE TROIE
Ville IX. Bouleutérion.
Voir p. 35, 63

13. — RUINES DE TROIE
Ville IX. Puits Ba.
Voir p. 51, 61, 62, 63.

composition par un seul poète, comme on s'accorde aujourd'hui de plus en plus à le faire (après la longue critique dissolvante du XIXe siècle, qui n'a abouti en somme à aucun résultat positif), le fait même de cette incertitude des anciens tend à la reculer très haut. Comment n'aurait-on pas conservé le souvenir, dans une société aussi avancée, de la composition d'un poème, jouissant d'une telle célébrité? D'autre part, il n'est question ni dans l'Iliade, ni dans l'Odyssée, d'Éoliens, d'Ioniens[1], ni de Doriens. Si l'Iliade avait été créée lorsque ce grand mouvement de colonisation était achevé dans ses grandes lignes, on y trouverait des traces de cet événement considérable. Or l'auteur de l'Iliade et de l'Odyssée l'ignore complètement; sauf Milet qui, ainsi que nous l'avons vu, remonte à l'époque mycénienne, il ne mentionne aucune des colonies grecques qui florissaient en Asie Mineure: Cyme, Phocée, Smyrne, Colophon, Éphèse, Samos. Il ne connait pas non plus Sardes et le grand royaume lydien. Le tableau qu'il nous fait des peuples de la Grèce ne coïncide en aucune façon avec ce que nous savons de la Grèce de cet âge : Mycènes, Argos, Pylos, qui au VIIIe siècle ont perdu toute prédominance, sont les grands centres militaires et politiques de l'Iliade. La société homé-

1. Le mot *Iaones* est prononcé une seule fois : entre Béotiens et Locriens; il désigne les Athéniens et non pas les colons de l'Ionie (*Iliade*, XIII, 685). Voir plus bas p. 168.

rique est une société féodale, qui, socialement et politiquement, est toute différente des *tyrannies* des VIIIᵉ et VIIᵉ siècles. Les rites funéraires, les croyances religieuses, le rôle de la femme, la conception du mariage, les armes, la tactique militaire, l'usage des métaux appartiennent à une autre époque. Or, un poète décrit ce qu'il voit autour de lui (la comparaison de l'Iliade avec l'Énéide de Virgile est à ce point de vue très instructive); il me semble impossible d'admettre qu'un rapsode, qui n'était certainement ni un érudit, ni un archéologue soucieux de restituer avec exactitude une société de deux ou trois cents ans antérieure à la sienne, ait pu soutenir, pendant vingt-quatre chants, sans défaillances et sans trahir son labeur scientifique, la description d'un milieu qui n'était pas le sien. L'Iliade me paraît donc appartenir à une époque intermédiaire entre l'époque mycénienne, qu'elle décrit sans en rendre l'exacte physionomie, et l'époque grecque archaïque des VIIIᵉ et VIIᵉ siècles, à une société qui devait être contemporaine des premiers établissements hellènes en Asie Mineure, vers le IXᵉ ou le Xᵉ siècle.

On ne peut arguer, je crois, comme on le fait souvent, de ce que l'Iliade et l'Odyssée n'ont rien de primitif, ni de barbare, pour en faire l'œuvre d'une colonie lydienne ou ionienne de la Grèce archaïque. Les fouilles méditerranéennes ont montré que la Grèce avait une civilisation beaucoup plus brillante et développée au XIIe qu'au VIIe siècle où l'art, sous toutes ses formes, mérite bien davantage que celui de Mycènes d'être qualifié de barbare. Ce n'est qu'ensuite, au VIe siècle, que la beauté fleurit de nouveau sur le sol hellène. L'Iliade et l'Odyssée me paraissent témoigner d'une persistance de la civilisation mycénienne, modifiée et rénovée par l'infusion d'un esprit nouveau venu du Nord, qu'elle a absorbé et qui, dans la région où ces poèmes sont nés, ne l'avait pas étouffée. Cette infusion n'a pas eu partout et à toutes époques les mêmes effets; c'est surtout sous la forme dorienne qu'elle a fait régner dans la Grèce mycénienne, du IXe au VIIe siècle, une sorte de « moyen âge » beaucoup plus primitif et barbare. Homère est-il antérieur à ce mouvement dorien? Il lui est resté en tout cas étranger.

Est-ce dans les îles d'Ulysse ou dans le Péloponèse que cette floraison poétique s'est produite? Cette idée est trop opposée à la principale et la plus persistante tradition antique, qui désigne l'Asie Mineure, pour pouvoir être adoptée. La langue d'Homère, où se mêlent les formes éoliennes, ioniennes, chypriotes et même attiques[1], n'a pas pu naître dans une région déterminée de la Grèce propre, mais dans un milieu où voisinaient les divers dialectes de l'Hellade. La Grèce paraît d'ail-

1. M. Bréal, *Revue de Paris*, 15 février 1903.

leurs submergée dès le IXe siècle par les invasions venues du Nord. C'est du côté de l'Asie Mineure et des Sporades, qu'il faut en chercher l'origine, dans la région de Lesbos et de l'Eolide, qui paraissent avoir été la terre la plus ancienne de la colonisation, déjà très mêlée dès l'origine, des peuples helléniques[1].

La connaissance précise et positive, que son auteur possède de la géographie et de la topographie de la Troade, me semble être en faveur de cette conjecture. C'est à quoi j'arrive maintenant.

Quelles données l'Iliade nous offre-t-elle sur la ville de Troie? Ces données sont-elles de fantaisie ou s'appliquent-elles à la citadelle que les fouilles ont mise à jour? Que sait-elle de la plaine où la grande lutte s'est développée et des régions environnantes?

Identification du site de Troie

Dès l'antiquité on discutait déjà sur le site de la Troie homérique. On ne contestait pas l'historicité

1. Sur la bibliographie de la question homérique : article *Homeros* dans Pauly-Wissowa, *Real Encyclopädie*, Stuttgart, VIII, 2, 1913; excellent résumé méthodique d'Ad. Reinach dans van Gennep, *loc. cit.*, p. 63-86. On lira avec intérêt la très vivante discussion de V. Bérard, dans *Les Phéniciens et l'Odyssée*, II, p. 544-608. Lang, ouvrages cités plus haut, pense que l'auteur était un Achéen.

de la guerre, ni l'existence de la ville, mais tous les auteurs n'étaient pas d'accord sur son identification. La tradition constante et la plus ancienne indiquait la colline d'Hissarlik, le site de la ville gréco-romaine d'Ilion et du temple célèbre d'Athéna Ilias; c'est ce que pensaient les habitants mêmes de la ville, la plupart des écrivains anciens et des personnages illustres qui firent des pèlerinages à la cité chantée par Homère : Xerxès, Alexandre, César, les Empereurs romains. Le premier écrivain qui contesta la valeur de cette tradition fut une femme auteur, célèbre en son temps et qui composa un *Commentaire de l'Iliade* : Hestiée d'Alexandrie (début du IIe siècle av. notre ère); le grammairien Démétrius de Scepsis (180 av. J.-C.) et le célèbre géographe Strabon (18-20 ap. J.-C.) adoptèrent son opinion; ils situèrent la Troie homérique à l'emplacement d'un petit bourg, le « village des Iliéens » (Ἰλιέων κώμη), qui se trouvait sur la même rangée de collines à trente stades (5 kilomètres) à l'Est de la nouvelle Ilion, en un point où quelques voyageurs modernes ont trouvé des vestiges de poteries[1].

La question n'a été reprise qu'à la fin du XVIIIe siècle par un explorateur français, Lechevalier, patronné par Choiseul-Gouffier, alors ambassadeur de France à Constantinople, et qui fit en 1795 un

1. Voir carte II.

voyage en Troade, accompagné de l'architecte Cazas. Il plaça, assez arbitrairement, la Troie homérique sur les hauteurs du Bali-Dagh et la ville basse[1] sur les pentes de ces hauteurs, qui descendent au village moderne de Bounarbaschi[2]. Le système de Troie-Bounarbaschi, adopté par Choiseul-Gouffier[3], a joui de la plus grande faveur jusqu'aux travaux de Schliemann. Quelques auteurs ont cherché Troie sur le site de Chiblak, à quelques kilomètres à l'Est, ou d'Alexandria Troas[4], sur la côte, au sud de Ténédos[5]. C'est un Anglais, E. Maclaren, qui, cinquante ans avant Schliemann, fut le premier auteur moderne à revendiquer l'identité de Troie avec Hissarlik[6].

L'exploration de la région et les fouilles d'Hissarlik ont définitivement tranché la question. Il n'y a pas trace d'une ville à l'endroit indiqué par Strabon[7]; il n'y a nulle part, dans les environs, de ves-

1. Sur cette question de la ville basse, voir plus bas, p. 115-117.

2. Voir carte II à la fin du volume; Lechevalier, *Voyage de la Troade*, 3 vol., Paris, 3e édit., an X (1802).

3. Choiseul-Gouffier, *Voyage pittoresque de la Grèce*, II, Paris, 1820.

4. Voir carte III à la fin du volume.

5. Bibliographie très complète de la question jusqu'en 1883 dans Schliemann, *Ilios*, trad. franç., p. 231 et sq.

6. *Dissertation on the topography of the plain of Troy*, Edimbourg, 1822; *The plain of Troy described*, Edimbourg, 1863.

7. En réalité, on a proposé trois endroits pour le village des Iliéens de Strabon : Kara Your, le Konak d'Ali-Aga et

tiges d'une autre forteresse de l'importance de la forteresse d'Hissarlik, remontant à l'époque qui a précédé la colonisation grecque. Les ruines du Bali-Dagh, à Bounarbaschi, sont insignifiantes et la céramique qu'on y a trouvée ne remonte pas au delà du VIIe siècle; le site ne répond d'ailleurs en aucune façon aux indications d'Homère.

Donc, ou bien la Troie d'Homère n'est qu'un produit de l'imagination poétique, sans rapport avec la ville mise à jour par les fouilles, ou c'est la ville même dont j'ai décrit les ruines. Comment en décider?

Le fait qu'il ait existé, là même où la plaçait la tradition principale, la seule tradition ancienne, une forteresse de cette importance, qui remonte à l'époque homérique et qui a été détruite systématiquement au temps même que cette tradition a assigné au sac de la ville, est un fait extrêmement probant, qui suffirait à lui seul à établir l'historicité de la cité homérique. Mais voyons de plus près ce que nous en dit le poète.

Thymbra (voir carte II où j'ai adopté la deuxième hypothèse, qui me paraît la plus probable); la question n'a qu'un intérêt très secondaire.

Caractères généraux de la ville dans Homère

Il n'existe pas dans l'Iliade de description suivie de Troie, mais le poème nous ouvre sans cesse des perspectives sur son caractère.

Au vieux village de Dardania, antérieur à Troie, bâti sur les pentes de l'Ida, Homère oppose la ville de Priam, construite dans la plaine (πόλις ἐν πεδίῳ, XX, 216).

Troie est une « *grande citadelle* » (μέγα ἄστυ, πτολίεθρον), « *bien bâtie* » (εὔδμητος, εὐχειμένη), « *bien entourée de murs et de tours* » (εὐτείχεος, εὔπυργος); les murs se dressent « *abrupts* », « *en pente raide* » (ὀφυόεις), ils sont formés de « *pierres bien taillées* » (ξεστοῖο λίθοιο); la ville possède de « *hautes portes* » (ὑψίπυλος), elle est « *escarpée* » (αἰπεινή), « *exposée aux vents* » (ἠνεμόεσσα). Il ne se trouve pas une seule épithète qui ne convienne admirablement à la ville qu'on peut imaginer d'après les ruines. Celle qui désigne le travail très soigné des blocs de pierre est extrêmement remarquable. Tant qu'on ne connaissait que les murs *cyclopéens* de Mycènes, de Tyrinthe et d'Athènes, construits en appareil irrégulier, avec des pierres à peine dégrossies, disposées sans joints vifs ni surfaces aplanies, ces épithètes d'Homère pouvaient paraître inspirées par le désir d'embellir la ville qu'il célèbre. Le fait qu'elles ne s'appliquent dans le poème qu'à la ville de Troie et qu'elles répondent précisément à la seule ville mycénienne, où ce procédé de construction ait été en usage[1], est tout à fait frappant.

Que Troie soit « *éventée* », « *exposée aux vents* », tous les voyageurs peuvent en témoigner; Schliemann a dressé et publié dans son grand ouvrage *Ilios* un tableau météorologique, d'où il ressort que le calme de l'atmosphère est très rare (il n'en est pas ainsi à Mycènes, ni à Tyrinthe par exemple) et qu'un fort vent du Nord, le *meltem*, y domine sans cesse.

Une épithète cependant pourrait susciter des doutes. Homère dit quelque part que Troie est une ville « *aux larges rues* » (εὐρυάγυια)[2]. Or les ruelles, qui montaient entre les maisons de l'enceinte extérieure au centre de la citadelle, étaient certainement, pour la plupart, fort étroites. Mais nous avons vu que la terrasse inférieure était bordée, le long des murs, par un chemin très important, qui avait huit à dix mètres de large[3]. Il pouvait en exister d'autres sur les terrasses supérieures. C'est, en outre, un fait remarquable, que rien de semblable n'existe dans les autres villes de

1. Voir les photographies 8 à 11, planches V et VI, p. 48 et p. 56.
2. II, 141.
3. Plus haut, p. 53.

l'époque, comme Mycènes, Tyrinthe, Athènes, Ithaque; les fouilles l'ont montré. Il n'est pas surprenant qu'une ville superposée en terrasses, avec de larges allées circulant autour, ait frappé l'esprit et fourni ce caractère de « *ville aux larges rues* ». Ces épithètes homériques ne sont donc pas de simples expressions poétiques, mais traduisent la réalité.

Les portes de la ville

Ce qu'Homère dit des portes de la ville ne concorde pas moins avec ce qui a été trouvé.

Il résulte de plusieurs passages de l'Iliade qu'il existait plusieurs grandes portes. Cette mention n'est pas insignifiante : Athènes, Mycènes, Tyrinthe ne possédaient qu'une porte avec une petite poterne à l'arrière, qui ne peut être qualifiée de πύλη[1].

L'une d'elles, dont il est parlé plusieurs fois, la

1. On a soutenu, il est vrai, que le pluriel du mot « porte » dans l'Iliade était équivalent à un singulier, et que, lorsque Homère nous dit : « *Toutes les portes étaient ouvertes* » (Πᾶσαι δ' ὠΐγνυντο πύλαι, II, 809), il faut entendre « *La porte était ouverte toute grande* »; les noms de Skées et de Dardania seraient employés indifféremment pour désigner la même porte. Cette conjecture d'un grammairien du IIe siècle avant notre ère, Aristarque, n'a été acceptée par presque personne. L'interprétation grammaticale est très douteuse et Homère distingue nettement les portes de Skées et de Dardania.

porte de Skées[1], était flanquée par une grande tour; la tour et la porte ne font qu'un d'après les textes : dans l'Iliade « *s'asseoir à la porte de Skées* » ou « *s'asseoir sur la tour* » sont des termes équivalents. C'est précisément la disposition trouvée pour les deux portes qui ont été déblayées et qui étaient ouvertes avant la destruction de la ville.

La porte de Skées n'a malheureusement pas été dégagée; mais son emplacement est à peu près certain. Par là des chariots descendent dans la plaine, c'est de là qu'Hector attend l'arrivée d'Achille et l'observe lorsqu'il s'avance en venant du Scamandre, c'est de là que les Troyens guettent les mouvements de la lutte. Or il n'y a qu'un seul point, où l'on ait en même temps une vue complète de la plaine et une pente assez douce pour permettre le passage des véhicules : c'est à l'angle Sud-Ouest. Ce point n'a pas été fouillé, il est recouvert par de gros amas de déblais provenant des fouilles de Schliemann.

Cet emplacement est encore confirmé par un détail curieux : j'ai indiqué (plus haut p. 49) que, dans la partie Sud-Ouest, le mur était moins épais, en pente plus douce et moins bien construit que sur le reste du circuit mis à jour. Or ce point faible de la muraille joue précisément un rôle dans

1. Notamment, *Iliade*, III, 149; VI, 393; IX, 354; XXII, 6.

l'épopée. Quand les dieux Poseidon et Apollon construisirent les murs[1], ils furent aidés par le mortel Aiaque[2]; là où Aiaque avait travaillé, la forteresse était censée plus vulnérable. Dans l'admirable passage où Andromaque supplie Hector de ne pas risquer sa vie, elle lui dit (*Il.*, VI, 429 et sq.) : « *O Hector, toi qui es pour moi un père et une mère* « *vénérables, toi qui es pour moi un frère et un* « *époux dans la fleur de la jeunesse, aie pitié,* « *reste ici sur les remparts..., dispose tes hommes* « *près du figuier sauvage, là où l'approche de la* « *ville est la plus facile, où il est le plus aisé d'esca-* « *lader la muraille et de s'en emparer.* » Elle indique en outre que c'est là que trois fois l'attaque a été tentée. Il est singulier que le point le plus faible ait été précisément celui où l'approche était la plus facile; il y a là une particularité curieuse, qui a dû frapper l'esprit et qui peut avoir été l'origine de la légende de la construction par un mortel. Il est non moins remarquable que les fouilles ont précisément mis à jour ce point faible à l'endroit voulu. La concordance est si étonnante qu'elle ne peut être due au hasard. Elle repose certainement sur une donnée historique.

Parmi les autres portes, Homère ne donne de nom qu'à une deuxième : la porte Dardanéenne[3].

1. *Iliade*, VII, 452-453.
2. Pindare, *Olympiques*, VIII, 31-46.
3. *Iliade*, V, 789; XXII, 194, 413.

Il nous dit que les femmes troyennes ne pouvaient plus sortir par cette porte, lors du siège, pour laver leur linge aux belles fontaines (V, 789). Or il existe une porte située non loin de sources importantes et qui répond bien à ce passage et à d'autres : c'est la porte du Sud, dont j'ai parlé dans la description des fouilles (VI T sur le carte I). Le nom de Dardanéenne convient également tout à fait. Les noms des portes étaient en effet très souvent choisis, dans l'antiquité comme de nos jours, d'après la ville la plus voisine où elles conduisaient. Or le chemin qui part de cette porte mène justement à un village important à l'époque homérique, dont il sera question plus loin[1] : Dardania, plusieurs fois mentionné dans Homère et qui se trouvait au Sud-Est de la ville aux pieds de l'Ida. La porte Dardanéenne était très probablement la porte de Dardania[2].

Édifices intérieurs

Nous savons par Homère que dans la ville s'élevaient : une demeure importante, le palais de Priam, les maisons d'Hector et de Pâris, des habi-

1. Plus bas, p. 131-132.
2. On a soutenu que « Dardanéenne » était simplement équivalent à « Troyenne ». Mais le territoire des Dardaniens et celui des Troyens étaient distincts et Dardanos n'était pas le fondateur de Troie, d'après Homère.

tations et deux temples. Le palais de Priam était la demeure d'un seigneur et d'un roi : « *Il contenait* « *cinquante chambres contiguës, où reposaient les* « *fils de Priam auprès de leurs épouses légitimes;* « *du côté opposé, dans l'intérieur de la cour, se* « *trouvaient à l'étage supérieur et construites en* « *pierre bien taillées, douze autres chambres desti-* « *nées à ses filles, où reposaient ses gendres auprès* « *de leurs chastes compagnes* » (VI, 242-250). Devant la porte était l'agora, la place publique (VII, 345-6).

Les maisons d'Hector (VI, 370) et de Pâris étaient voisines, à proximité du palais; celle de Pâris était « *somptueuse et avait été construite par les plus habiles artistes d'Ilion* » (VI, 313-315). Elles se trouvaient dans la ville haute près du temple d'Athéna, qui contenait une statue assise de la déesse (VI, 88, 92, 273, 297, 384, etc.) et du temple d'Apollon, d'où le dieu regardait ce qui se passait chez les mortels (V, 445-6; VII, 20-21); les deux divinités se rencontraient sous un grand chêne situé près de la porte de Skées et qui est mentionné plusieurs fois dans l'épopée (V, 693; VI, 237; VII, 22; IX, 354; XI, 170). Il semble qu'il y ait eu aussi un autel de Zeus, sur lequel Hector sacrifiait des cuisses de bœufs (XXII, 169-172). Des rues descendaient du palais de Priam jusqu'à la porte de Skées, bordées de maisons bien bâties (VI, 391) et assez larges pour donner passage au char du roi traîné par des mules (XXIV, 322-329)[1].

Tous ces édifices ont disparu. Les parties hautes de la ville ont été détruites, comme nous l'avons vu (plus haut, p. 28-29, 53). Ce qui reste vérifiable, d'une façon générale, c'est la disposition de la ville, qui montait des murailles jusqu'au sommet par terrasses successives. Accessoirement, la division de la maison de Pâris en trois parties (VI, 316) se retrouve dans les maisons VI A et VI B. D'après ce que nous voyons dans Homère, elles n'étaient d'ailleurs pas toutes de type uniforme, ce que l'archéologie a confirmé[2]. Enfin on peut remarquer que les maisons mentionnées dans l'Iliade y paraissent être bien isolées les unes des autres, ce qui est précisément l'un des caractères du plan troyen. Ce caractère ne se retrouve pas dans les autres villes mycéniennes et semble indiquer qu'Homère avait une connaissance assez précise de la disposition de la cité, que

1. Dussaud, *loc. cit.*, p. 144, est d'avis que ce chemin suivi par Hector à travers la ville pour gagner son palais ne peut être qu'une pure fiction. Pourquoi? Rien ne s'y oppose dans la disposition des ruines, mais rien non plus n'en peut établir l'exactitude.

2. Sur la maison homérique à Troie et à Ithaque et, d'une façon générale, sur la maison mycénienne et prémycénienne, voir : G. Leroux, *Les origines de l'édifice hypostyle*, Paris, 1913, p. 1-70, où l'on trouvera la bibliographie la plus récente.

la destruction par les Grecs et l'occupation peu importante qui l'a suivie, n'avaient pas dû modifier profondément.

Le combat d'Achille et d'Hector

Le combat d'Achille et d'Hector, aux pieds de la forteresse, illustre d'une façon étonnante la connaissance qu'il paraît avoir eue de sa topographie. Cet admirable récit prend une vie et une réalité saisissantes, lorsqu'on le place dans son cadre sous les murs de la haute citadelle, où autrefois le héros avait amené, en des noces somptueuses, la vierge Andromaque, qu'Eétion de Thèbe lui avait accordée comme épouse[1], où, avant d'entrer dans la mêlée, il avait échangé avec elle de si doux et si émouvants adieux et où, le jour de sa mort, sa mère Hécube et son père Priam trouvèrent des accents si pathétiques pour tâcher de l'arracher à l'inexorable destin.

Achille a mis en fuite une troupe de Troyens et en a rejeté une partie dans le Scamandre, le reste

1. Il s'agit de la Thèbe située dans la Troade du Sud près du golfe d'Adramytte, voir carte III et plus bas, p. 139. Cet épisode, indiqué dans l'Iliade, est développé dans une vingtaine de vers de la poétesse Sappho, qui viennent d'être déchiffrés sur un papyrus d'Égypte. Voir sur ce sujet la très belle communication de P. Girard, *Le Mariage d'Hector*, dans le *Bulletin de l'Académie des Inscriptions et Belles-Lettres*, novembre 1914, p. 658-669.

a regagné la ville; puis il entre lui-même en lutte avec le fleuve, soulevé contre lui par le dieu des eaux; il ne doit la vie qu'à l'intervention d'Héphaistos, qui oppose ses flammes à l'élément liquide, jusqu'à ce que celui-ci demande grâce.

Achille s'avance fièrement vers la ville. Le vieux Priam, de la tour qui domine la porte de Skées, l'aperçoit le premier (XXII, 25). Hector « *se tient* « *debout devant la porte* » (6, 35); il est sur le petit plateau au Sud, près de l'endroit où Andromaque nous a dit que le mur était le plus faible et où se trouvait un figuier sauvage. Hector attend de pied ferme son redoutable adversaire, il « *appuie son* « *bouclier brillant et sa lance sur une saillie de la* « *tour* » (97, 112). Son père et sa mère tâchent de le dissuader du combat et de le décider à rentrer dans la ville par la porte qui est derrière lui. Priam se penche du haut de la tour et, lui tendant les mains, lui représente d'une voix touchante ce que sera sa vieillesse misérable après la mort de tous les siens; Hécube « *découvre sa poitrine et lui montre son* « *sein, qu'elle lui tendait lorsqu'il était enfant, pour* « *endormir ses chagrins* » (79-81). Hector ne se laisse pas attendrir. Mais lorsque Achille le rejoint, semblable à Arès, brandissant sa lance, son armure toute étincelante comme l'éclat de la flamme ou du soleil levant, il est pris d'un saisissement. « *En* « *l'apercevant, Hector est d'abord saisi d'épouvante;* « *il n'ose plus l'attendre et se met à fuir, laissant*

« *la porte derrière lui.* » Mais Achille « *fond sur* « *lui* »; Hector court « *sous la muraille, passe le* « *guet et le figuier battu par les vents; puis les héros* « *atteignent le chemin des chars et arrivent aux* « *sources...., aux grands lavoirs de pierre aux belles* « *ondes, là où les femmes des Troyens et les belles* « *jeunes filles venaient pendant la paix, avant l'ar-* « *rivée des Achéens, laver leurs robes brillantes* » (136-156).

N'est-ce pas étonnant? La tour, la porte, nous les voyons; Hector suit la muraille, sur laquelle se trouve un guet, un poste de sentinelle, situé sur cette partie du mur dont j'ai dit que de là, et de là seulement, on embrassait toute la plaine[1] et où sa présence est d'autant plus indiquée que la ville y est plus accessible et son enceinte plus menacée d'un assaut; ce sont les propres paroles d'Andromaque. Que le figuier se soit trouvé tout près est confirmé par deux autres passages : VI, 433 et XI, 167; aujourd'hui encore plusieurs figuiers sauvages sont là près du mur. Achille, comme l'indique le début du chant XXI, ayant traversé le Scamandre[2], est arrivé du Nord, de la plaine du Simoïs et, d'après notre texte, a dû rejoindre Hector non loin du figuier. Hector cherche à gagner la porte de l'Ouest (VI U), bouchée à l'époque,

1. Ce fait, que j'ai constaté sur place, a été maintes fois observé par Dörpfeld. Voir *Troja und Ilion*, p. 629.

2. Sur la position du Scamandre, voir plus bas p. 105 et sq.

mais où il pouvait trouver un appui; Achille l'en empêche.

Quelle direction a-t-il pu prendre alors? Ainsi que le montre la petite carte de la photographie 14 (planche VIII)[1], il y a là un petit plateau, figuré par l'élargissement des lignes de niveau tracées de mètre en mètre et dont la photographie 15, planche VIII[2], donne une vue prise du Sud. Un coureur, partant du bord de ce plateau près des murs et restant autant que possible en terrain plat, atteindra précisément le chemin tracé sur la carte à une distance d'environ cinquante mètres au Nord des sources. Ce chemin est celui que prennent actuellement les charrettes pour arriver devant les fouilles, qui ne sont accessibles que de ce côté; le terrain est exhaussé aujourd'hui de quelques mètres, mais l'entrée principale de la ville, celle où accédait le commerce, ne pouvait se trouver qu'à la porte Dardanéenne (VI T de la carte I) et le « *chemin des chars* », comme cela résulte de la configuration du terrain, ne pouvait être qu'à proximité du sentier actuel.

Les sources ont été retrouvées en 1879 et 1882[3], elles sont à cent cinquante mètres des murs; on y a mis à jour deux conduites d'eau très anciennes et des

1. P. 88.
2. *Ibid.*
3. Schliemann, *Ilios*, p. 340-1, et Dörpfeld, *loc. cit.*, p. 628. Voir plus bas, p. 114.

bassins beaucoup plus récents d'époque romaine; l'endroit est tout indiqué pour avoir servi de lavoir et se trouve précisément au point qu'exige le récit.

Mais continuons ce récit : « *Achille poursuit Hector sans relâche... Chaque fois qu'Hector s'élance pour gagner la porte Dardanéenne et s'appuyer aux tours bien bâties, d'où les Troyens auraient pu couvrir sa retraite par leurs flèches, Achille le devance et l'oblige à gagner la plaine. Hector se rejette toujours du côté de la ville* » (188-198).

Hector cherche de nouveau à gagner un abri, mais Achille (nous voyons bien sa tactique) se place entre lui et le mur et l'oblige à prendre du champ. La poursuite se continue jusqu'à ce que les deux héros aient fait trois fois le tour de la ville. Cette course est encore facile de nos jours. Il n'y a aucun obstacle; la plus grande différence de niveau est, au total, d'une vingtaine de mètres, le seul point où la pente soit un peu raide est du côté Nord-Est; mais il y existe aujourd'hui un sentier qui descend obliquement en pente douce. La distance couverte représente environ 2 kilomètres 1/2 à 3 kilomètres au plus; il n'y a là rien que de très vraisemblable, même pour des guerriers recouverts d'une armure. Essayez de placer la même scène en un autre point : à Bounarbaschi, par exemple, vous n'y réussirez pas; les rochers, les difficultés du terrain creusé

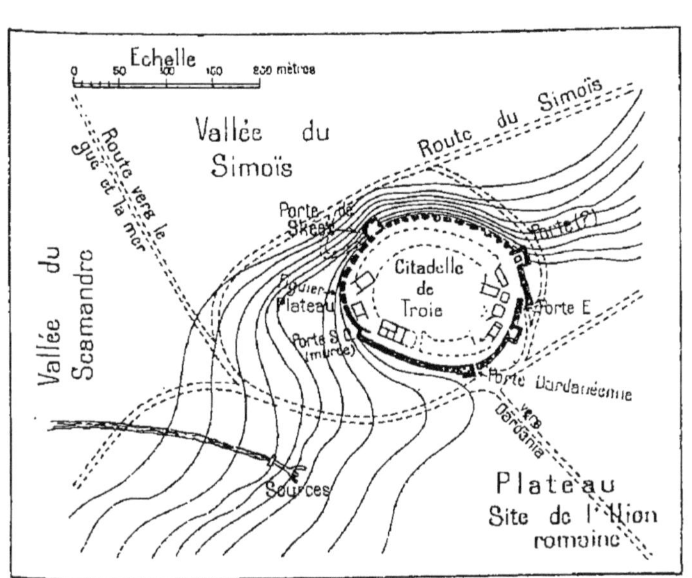

14. — LA CITADELLE DE TROIE (d'apres Dörpfeld).
Voir p. 79, 81, 84 *et sq.*, 114.

15. — LE PETIT PLATEAU AU SUD ET AU SUD-OUEST DE LA CITADELLE DE TROIE.
Voir p. 87.

de vallons s'y opposent ; la disposition des lieux ne cadre pas avec le récit[1].

« *Et lorsqu'ils arrivèrent pour la quatrième fois* « *aux sources, le père* (il s'agit de Zeus) *leva ses* « *balances d'or les tenant par le milieu, y pesa les* « *deux destinées, et le jour fatal d'Hector pencha* « *vers les demeures de Hadès et Phébus Apollon* « *l'abandonna* » (208-213). Hector est tué derrière la fontaine, entre celle-ci et la porte Dardanéenne ; le point est indiqué assez exactement. On l'aperçoit bien aujourd'hui du grand pylône de terre situé à l'emplacement probable de la tour de Skées. Mais à l'époque mycénienne, les maisons et les fortifications barraient certainement la vue. Et il y a là encore une coïncidence curieuse. La lutte finale n'a pas lieu, en effet, sous les yeux des Troyens postés sur la tour ; nous voyons dans Homère que Priam et Hécube n'assistent pas à la mort de leur enfant. Mais Achille espère qu'à la vue du cadavre ses ennemis se sentiront perdus et abandonneront la partie. « *Il attache alors le cadavre à son char par* « *les pieds avec des lanières de peaux de bœuf, en* « *laissant pendre la tête. Il aiguillonne ses chevaux,* « *un nuage de poussière s'élève et les cheveux noirs* « *d'Hector, sa tête autrefois si belle, traînent dans* « *la poussière* » (396-403). Ce n'est qu'à ce moment, lorsque le char débouche dans la plaine visible de

1. Voir discussion dans Schliemann, *loc. cit.*, p. 243-244. Voir plus bas, p. 103.

la porte de Skées, que sa mère, la première, l'aperçoit. « *Elle s'arrache les cheveux, rejette loin d'elle* « *son beau voile et pousse de grands gémissements* « *à la vue de son enfant* » (405-407). Andromaque, qui « *filait dans sa haute demeure une robe de pour-* « *pre brodée et avait fait préparer un grand tré-* « *pied plein d'eau pour Hector à son retour du com-* « *bat* », n'avait rien appris encore de l'issue fatale, mais les sanglots et les cris qui partent de la tour arrivent jusqu'à elle.... Elle s'élance comme une folle et parvient à la tour assez à temps pour voir son époux « *traîné par les chevaux rapides, qui sans* « *pitié l'emportent vers les vaisseaux creux des* « *Achéens* » (437-465).

Toute la grande scène dramatique revit devant nos yeux.... J'ai fait le tour de la citadelle, recherchant les traces des héros, presque l'empreinte de leurs pas, comme s'il s'était agi d'un fait qui s'était passé la veille.

Ce que l'on peut dire en tout cas c'est, ou bien qu'Homère s'est inspiré d'un récit plus ancien où un combat de cette sorte était détaillé, ou, plus probablement, qu'il connaissait bien le site et la ville, dont la disposition générale ne s'était pas notablement modifiée et qu'il en avait l'image dans les yeux, lorsqu'il a composé son récit pour des auditeurs, auxquels elle n'était pas moins familière.

Ainsi, qu'il s'agisse de l'aspect général de la

ville, de sa disposition, de l'importance et de la construction de ses murs, de leur aspect, des tours et des portes, de la configuration du terrain à l'entour, partout le poème concorde avec la réalité. Il n'y a pas de divergences; il n'y a même pas d'efforts à faire pour le replacer dans son cadre. Aucune autre ville mycénienne ne s'y prêterait. Ce qu'Homère nous dit de Troie n'est donc pas une fiction. Tant de coïncidences ne peuvent pas être dues au hasard. Il connaissait la ville. Nous allons voir qu'il ne connaissait pas moins bien la plaine, où la clameur des armées vient de rompre de nouveau le long sommeil des siècles.

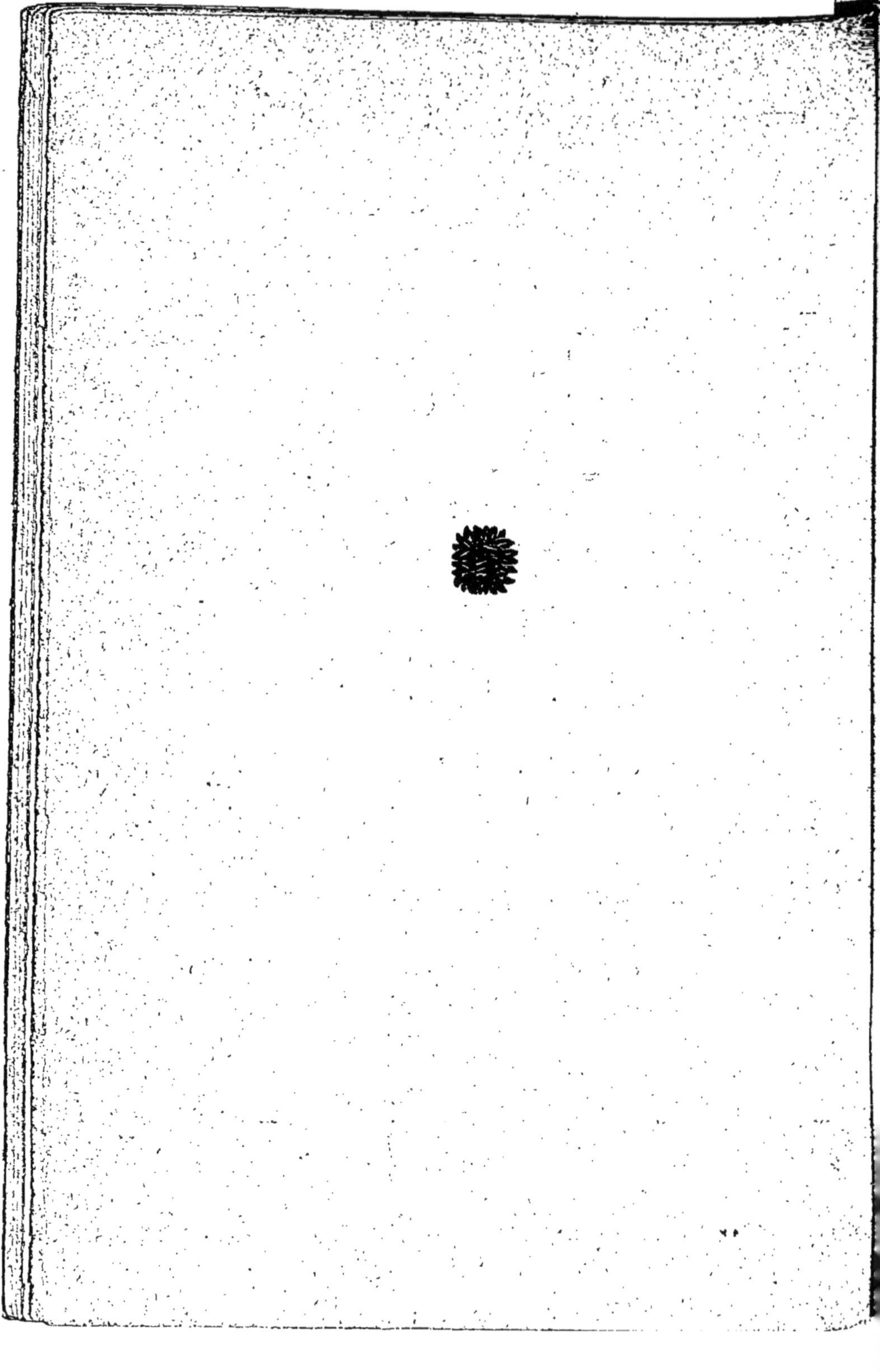

DEUXIÈME PARTIE

LA GUERRE DE TROIE

CHAPITRE PREMIER

HOMÈRE
ET LA PLAINE DE TROIE

Lorsque, le 25 avril 1915, nos vaillantes troupes ont héroïquement débarqué à Koum-Kaleh, sous le feu de l'ennemi, elles ont dû songer qu'elles renouvelaient les prouesses d'Achille et d'Ajax, de Diomède et de Patrocle, dans cette plaine déjà si riche en exploits. Mais à l'heure où j'écris, nous ne sommes guère plus renseignés sur ce beau fait d'armes, que sur l'atterrissement des Achéens et sur les neuf années de guerre qui ont précédé les événements relatés par l'Iliade! Le paysage, en tout cas, n'a pas varié, dans ses grandes lignes, depuis 3000 ans. Si le cours des eaux et le delta du Scamandre ont subi quelques changements, les plaines alluviales, qui remplissent l'espace entre les chaînons de collines détachées de l'Ida, ont conservé tous leurs caractères, comme l'a montré l'étude géologique du rivage[1]. Sauf le déboisement probable des montagnes environnantes, l'aspect d'ensemble ne s'est pas modifié et répond tout à fait aux indications du poème.

Aspect général

L'immense étendue plate, tachetée de chênes et de cornouillers, de touffes basses et de broussailles[2], s'ouvre au Nord dans l'eau bleue du détroit, entre deux promontoires. Des tertres roussis, élevés par la main des hommes, s'arrondissent de place en place dans la plaine. Elle est désolée pendant les chaleurs de l'été et de l'automne, mais les fleurs et le gazon y croissent au printemps le long des rivières. De petits marais et les lacets du Scamandre et du Simoïs scintillent au soleil et se perdent dans des bouquets d'arbustes argentés. Les cigognes font leurs nids dans les ruines et dans les huttes des bergers, leur grand vol s'éploie au-dessus du champ de bataille. A l'Ouest saillit le

1. Voir Schliemann. *Ilios*, trad. franç., p. 108 et sq.; Dörpfeld, *Troja und Ilion*, II, p. 617 et sq., qui a confirmé les observations antérieures faites par Maclaren, Calvert, Virchow et Philippson.

2. Voir photographies 1, pl. I, en frontispice; 16 et 17, pl. IX, p. 96; 19, pl. X, p. 120, et carte II, à la fin du volume.

bourrelet de coteaux arides, que couronnent aujourd'hui les moulins et les petites maisons blanches de Yeni-Schihr; au fond vers l'Est, les longues ondulations des collines détachées de l'Ida remplissent l'horizon et viennent, en un énorme cercle, rejoindre la mer. A l'horizon s'estompent dans la brume les lignes dentelées de Samothrace, le sommet aigu de Ténédos et l'imposante masse de l'Ida.

Homère est sobre en descriptions de la nature. Rien ne lui est plus étranger que l'intempérance du romantisme, la prodigalité touffue des *sagas* septentrionales, la lourde prolixité des poèmes orientaux. Il est maître de ses sentiments; il a amené du premier coup à sa perfection cette mesure, cette modération, qui furent la marque du génie hellénique, cet amour du clair et du distinct, dont Descartes a fait la base de notre philosophie et qui garde la pensée des conceptions obscures de la métaphysique, du panthéisme confus et des débordements du mysticisme. Il n'emprunte à la nature que ce qu'il faut pour vivifier et élargir son anthropomorphisme et il le fait avec autant de justesse que de grâce et de poésie.

Le « *large Hellespont* », l' « *Hellespont au courant rapide* », borde la plaine, où, entre les promontoires de Rhoiteion et de Sigeion, se déverse le Scamandre, tantôt « *tumultueux* », lors de ses crues, tantôt lent, au « *cours heureux* » et « *aux*

« *flots d'argent* », grossi des eaux du Simoïs. « *Les* « *ormes, les saules, les tamaris* » l'encadrent, des fleurs poussent sur ses bords; « *l'herbe nouvelle,* « *le lotus humide de rosée, la tendre et délicate* « *hyacinthe* » y naissent sous les pas de Zeus, lorsqu'il enlace Héra. Des « *broussailles et des marais* » s'étendent près de la ville, où « *un champ de blé* » dresse ses épis. « *La clameur des grues* (il est possible que le mot γέρανοι ait désigné à la fois les grues et les cigognes) *monte dans le ciel, quand,* « *fuyant l'hiver, elles prennent leur vol au-dessus* « *de l'Océan* »; les oiseaux des marais « *volent çà* « *et là, agitant leurs ailes joyeuses, se devançant* « *les uns les autres, avec des cris dont la prairie* « *résonne.* » « *Le hêtre, le frêne et le cornouiller à* « *l'écorce allongée heurtent leurs rameaux en un* « *long bruissement ou se brisent avec fracas,* « *lorsque l'Euros et le Notos luttent dans les hal-* « *liers de la montagne.* »

Les collines basses ne sont que rarement mentionnées, mais les grands monts ont chacun leur caractère et dominent le paysage et le drame; Zeus est assis sur le sommet conique de Ténédos et sur les hauteurs boisées de l'Ida, où il amasse la neige, le tonnerre et les nuées; Poseidon se tient au-dessus de la mer, sur les cimes de Samothrace; Arès et Athéna vont de la ville à la rangée de collines qui bordent le Simoïs au nord, *Callicolone*, les belles collines, dont les vignobles se dorent

16. — PLAINE DE TROIE
Voir p. 94-96.

17. — PLAINE DE TROIE. KOUM-KALEH
Voir p. 94-96, 101, 105.

au soleil. Le poète a placé les grands personnages, qui dirigent et conduisent l'action, sur les points mêmes d'où ils peuvent la suivre et s'y mêler.

On a fait souvent au polythéisme homérique et hellénique le reproche d'anthropomorphiser les dieux. Mais à l'image de quoi les dieux de toutes les religions ont-ils été forgés, sinon à celle des hommes? On a prétendu, d'autre part, que leur idéal moral n'était pas très élevé, parce qu'ils approuvent ce grand conflit meurtrier dont ils sont responsables, parce qu'ils sont eux-mêmes accessibles aux « *paroles outrageantes*, aux *reproches* « *amers*, aux *douceurs de l'amour* », et qu'ils permettent aux hommes de se livrer aux mêmes sentiments. Mais les dieux de l'Iliade sont des dieux de guerriers, leur idéal ne peut pas être celui du doux Galiléen. S'ensuit-il qu'il lui soit inférieur?

Le dieu de l'Évangile lui-même n'a-t-il pas autorisé qu'une tuerie mille fois plus sauvage et plus sanguinaire se déchaînât sur l'Europe? Et la colère, la vengeance, la haine même ne sont-elles pas des vertus de la guerre, auxquelles les plus chrétiens s'abandonnent chaque jour depuis de longs mois? La morale d'Homère flétrit la trahison et la félonie; elle n'en connaît pas moins, non plus, la douceur, le pardon, le charme le plus pur et le plus profond de l'amitié, de l'amour filial et maternel, le tendre dévouement des époux, la grandeur du sacrifice. « *Assieds-toi près de moi, chère enfant* », dit Priam à Hélène, avec une admirable douceur, devant l'accablement de la destinée, « *ce n'est pas* « *toi que j'accuse.* » « *O mon fils, pourquoi ces* « *larmes, parle, afin que je te console* », répond Thétis à Achille, quand au plus fort de sa colère, il jette un cri de confiance et d'amour vers sa mère. « *O Hector, cher à mon cœur, depuis vingt ans je* « *vis auprès de toi, et jamais je n'ai entendu de ta* « *bouche une parole dure ou blessante.* » Qui parle ainsi? Est-ce Andromaque? Non pas. C'est Hélène, Hélène qui s'est laissé séduire par les douceurs d'Aphrodite et qui a déchaîné ainsi tout ce carnage. Et rappelez-vous les paroles admirables du porcher Eumée au vieux mendiant dont Ulysse a revêtu la figure : « *Étranger, il ne m'est pas permis* « *de mépriser même un hôte plus misérable que* « *toi, car tous viennent de Zeus, les étrangers et* « *les pauvres, et même un présent modique est* « *agréable aux dieux* ».

Pourquoi vouloir abolir dans l'âme humaine, ou déprécier, des sentiments fondamentaux que vingt siècles de christianisme n'ont pas pu et ne peuvent pas amoindrir? Tous les grands sentiments ne méritent-ils pas qu'on les idéalise, comme l'a fait le plus vieux poète, comme le font chaque jour nos héroïques soldats? Plus que jamais la morale de l'Évangile est démentie par les faits, son royaume n'est pas de ce monde[1]. Celle d'Homère, de dix siècles antérieure, est autrement complète et bien équilibrée : ses dieux sont grands, très grands, précisément parce qu'ils ne sacrifient rien de la vérité humaine, parce que le poète a su leur imprimer, sous toutes ses formes, la marque de l'inaltérable, de l'éternelle humanité.

Voyez aussi comme ce vieux polythéisme a bien résolu le problème de *Dieu et la guerre*. Chacune des forces en présence est séparément idéalisée : Poseidon, Athéna, Héra sont pour les Hellènes, Apollon, Arès, Aphrodite pour les Troyens et leurs alliés. Zeus *« le père », « le père des dieux « et des hommes », « la sagesse du monde »*, l'embrasse *« de son vaste regard »*, mais prend part à l'action. Les éléments du conflit règnent dans l'Olympe comme sur la terre. Le poète n'en est pas réduit à se représenter la divinité comme un spectateur indifférent, comme un juge qui ne juge pas, comme l'incarnation d'une justice qui ne rend pas justice, en un mot comme un neutre impassible, qui ne veut pas se commettre dans le litige. Le dieu neutre n'est pas une conception hellénique. Et si le Destin, la *Moire*, domine et les dieux et les hommes, le destin n'est pas une divinité, ce n'est

1. Sur l'Évangile et la patrie, sur l'Église et la guerre, voir les belles pages de A. Loisy, *Guerre et religion*, Paris, 1915, p. 37 et sq., p. 42 et sq.

ni la justice, ni la bonté parfaites[1], c'est la force inexorable et impénétrable, qui résiste aux sentiments humains de sagesse et d'idéal, dont l'homme a doué ses dieux; c'est la limite dernière[2], devant laquelle les mouvements de l'esprit se sentent arrêtés et que la pensée et le cœur ne peuvent dépasser. Le problème se pose donc tout autrement et beaucoup plus clairement dans le polythéisme antique que dans les cultes monothéistes universels.

Mais cette « topographie olympienne » m'entraîne loin du monde visible; revenons à la guerre terrestre et à la plaine de Troie. L'image d'ensemble que nous en donne Homère répond bien à la réalité. Voyons les détails de plus près.

La distance de la ville à la mer

La distance de la ville à la mer est précisément celle qu'exigent les descriptions du poème.

1. Je dis « parfaites » et non « infinies »; l'infinité est un caractère que les anciens n'ont jamais attribué à leurs dieux, mais au contraire à la « matière »; le dieu « infini » est d'origine orientale et surtout juive, où prédominent les idées de volonté et de puissance, non de raison et d'harmonie. La « perfection » grecque est synonyme d' « achèvement » et n'a pas de sens mystique.

2. Le sentiment de la limite, que l'effort ne doit pas tenter de dépasser, est, avec celui de la maîtrise de soi, de la liberté intérieure, le fondement de la psychologie morale des anciens. Je suis d'avis que les morales qui ont cherché d'autres bases (comme par exemple l'impératif catégorique du mysticisme allemand) ont erré.

Entre les collines de Callicolone et celles qui bordent la plaine à l'Ouest, se trouve une région plate, au bord de l'Hellespont, au débouché du Scamandre, où les navires peuvent accoster. C'est par là que les excursionnistes, qui disposent d'un bateau pouvant s'arrêter à Koum-Kaleh, gagnent le rivage en barque et de là les fouilles à travers la plaine. C'est là qu'ont débarqué nos troupes, c'est là que les Grecs avaient disposé leur camp. La distance aux ruines est d'environ 5 kilomètres. D'autre part, si de Troie on aperçoit bien le point de débarquement, la distance est trop grande pour qu'on puisse distinguer à l'œil nu ce qui s'y passe. Ces deux conditions répondent aux données de l'Iliade.

A diverses reprises, au fur et à mesure que les troupes avancent ou reculent, nous voyons en effet que l'espace, qui sépare la mer de la ville, est couvert aller et retour plusieurs fois dans la même journée (par exemple : VII, 67-336). Au chant VII (381 et sq.), les Troyens envoient aux Grecs un messager, Idaios, afin de leur demander une trêve pour enterrer leurs morts. Idaios part dès les premières lueurs de l'aurore, arrive jusqu'à la côte où se trouvent les vaisseaux, remplit son message, qui peut durer environ une heure, et rentre dans la ville. C'est une absence d'environ trois heures. Or, nous dit le poète, lorsqu'il fut de retour, « *il n'y* « *avait pas longtemps que le soleil, maintenant*

« *monté dans le ciel, s'était levé au-dessus des* « *champs* » (421).

Après l'une des batailles, les Troyens campent dans la plaine « *près des vaisseaux* » (X, 160-161) et « *devant Troie, entre les vaisseaux et le Sca-* « *mandre* » (VIII, 560-561). La distance n'est pas indiquée, mais les mots « *près des vaisseaux* » et « *devant la ville* » ne conviendraient pas si la distance était de plus de quelques kilomètres. Cette distance est assez courte pour qu'après les fatigues du combat, les Troyens aillent de leur camp chercher dans la ville des bœufs, des brebis, du pain et du vin (VIII, 545-547). Lorsque, devant le camp des Grecs, Ménélas contemple la campagne troyenne, il admire la multitude des feux qui brûlent devant la ville et « *entend le son des flûtes et des chalumeaux* » (X, 11-13).

On pourrait multiplier les exemples; je citerai encore un passage. Au chant II, après le songe d'Agamemnon, les Grecs s'apprêtent à débarquer et à ouvrir l'action. Les guerriers troyens sont rassemblés dans la citadelle et délibèrent sous les portiques du palais de Priam, au sommet de la ville. Ils ont envoyé un messager, Politès, fils de Priam, en observation, pour surveiller les mouvements de l'armée ennemie. Homère nous dit que cette sentinelle était postée sur le tumulus d'Aisyetès (II, 793), qui était probablement situé dans la plaine, entre la ville et la côte. On a quelquefois invoqué ce détail, afin de montrer que la ville devait être beaucoup plus loin de la mer, puisqu'il fallait détacher une sentinelle pour observer l'armée ennemie. Mais, comme je le disais tout à l'heure, si on aperçoit nettement la mer des murs de la ville, on ne distingue ni les hommes, ni les chevaux; à 5 kilomètres, il faut une lorgnette pour pouvoir suivre leurs mouvements. Il était donc nécessaire pour les Troyens de poster à mi-chemin une sentinelle, afin de les avertir de ce qui se passait chez les Grecs. Loin d'être une objection, ce passage nous apporte une concordance nouvelle. Si Troie s'était trouvée à l'emplacement de Bounarbaschi, à 15 kilomètres de la mer, Politès, du milieu de la plaine, n'aurait pas pu observer les vaisseaux et tous les récits qui témoignent de la faible distance entre les armées et la ville ne cadreraient pas avec la réalité.

Les fleuves

Ce qu'Homère nous dit des cours d'eau n'est pas moins exact. Troie se trouve dans le poème à peu de distance du confluent de deux rivières. L'une, très importante, est appelée Scamandre par les hommes et Xanthos par les dieux. Le nom moderne de *Mendéré* est une corruption de *Scamandre*. Les débordements du fleuve sont décrits dans la grande lutte qu'Achille entreprend contre lui. Il est si important que le poète, à maintes reprises, l'appelle « *le fleuve* » tout court. Le Simoïs, *Doumbrek-Sou* des Turcs, joue un bien moindre rôle; c'est une rivière secondaire, qui se jette dans le Scamandre (V, 773-776). Si aujourd'hui leurs eaux ne se mêlent qu'à l'embouchure, les vallées sont nettement perpendiculaires et devaient se rejoindre; l'importance relative des deux fleuves est bien celle que leur donne le poète. Il ne parle pas du Thymbrios qui vient grossir le Scamandre devant Bounarbaschi, loin des opérations de la guerre; mais il connaît la petite ville de Thymbra[1] (X, 430). La végétation, qui pousse sur les rives, est celle même qu'on y voit actuellement; Homère, je l'ai déjà indiqué, parle de saules, d'ormes, de tamaris, de joncs, de souchet, de lotus (II, 775-7; XXI, 350-2; X, 466-7; VI, 39; XXI, 18, 246; XIV, 346-351). Toutes ces plantes se retrouvent aujourd'hui; quand on regarde la plaine des collines qui la domine, on aperçoit de place en place des bouquets de verdure, saules, ormes, tamaris, où vient se perdre le sillon brillant du fleuve.

Une question, importante pour la topographie homérique de la plaine et de la guerre, a cependant

1. Voir la carte II à la fin du volume et, pour le Scamandre, photographie 18, pl, X, p. 120. C'est le seul fleuve de la Troade assez important pour être utilisé à des transports de bois des forêts du Kaz-Dagh.

été soulevée. Le Scamandre coule aujourd'hui à 2 kil. 1/2 ou 3 kilomètres environ à l'Ouest de la ville; d'autre part, il existe, non loin du pied de la citadelle, un gros ravin, dont l'importance est tout à fait disproportionnée aux eaux de pluie qui y séjournent : le Kalifatli-Asmak. La question qui se pose est de savoir si le Scamandre avait à l'époque d'Homère son cours actuel, le Kalifatli-Asmak étant de formation plus récente, ou si ce ravin ne serait pas un vestige de l'ancien Scamandre, qui se serait déplacé de l'Est à l'Ouest au cours des âges.

D'où deux théories : dans l'une la lutte se serait livrée tout entière sur la rive droite du fleuve, entre le fleuve et la ville; le camp des Grecs aurait appuyé son aile droite, près de Koum-Kaleh, sur le delta actuel; dans l'autre, la plupart des combats auraient eu lieu sur la rive gauche, les troupes et les guerriers ayant dû à certains moments passer le fleuve pour aller dans la ville ou en venir.

La seconde est de beaucoup la plus probable et la plupart des auteurs s'y rallient[1]. Ces déplacements de fleuves sont extrêmement fréquents dans la région. On en trouve des exemples très nets dans l'Hermos près de Smyrne, le Caystre

1. *Contra*: Leaf, *Troy*, p. 31 et sq., et A. Brueckner, *Jahrb. des K. preus. arch. Instituts*, *Arch. Anzeiger*, 1912, p. 629.

d'Éphèse et le Méandre entre Priène et Milet. La littérature antique a d'ailleurs conservé des souvenirs de ce changement de lit du Scamandre même. Un nouveau déplacement est en cours depuis quelques années seulement : il y a peu de temps, le Scamandre s'est partagé en deux bras au Sud-Est de Yeni-Schihr, l'un s'est frayé un chemin à droite et se jette à l'emplacement probable du camp des Achéens, l'autre continue à se déverser à côté de Koum-Kaleh. L'examen géologique semble bien établir que la pointe alluviale de Koum-Kaleh[1] est de formation récente et que la mer a rongé la côte, à l'emplacement d'un ancien delta, au pied de Rhoiteion. Enfin, sans entrer dans de plus longs détails, la position du Scamandre à l'emplacement du Kalifatli-Asmak cadre beaucoup mieux avec les indications d'Homère[2]. Tout conduit à l'adopter.

Le gué

Dans cette hypothèse et, d'après la disposition du terrain, les deux rivières se rencontraient à côté

1. Voir photogr. 17, pl. IX, p. 96.

2. Le passage II, 455-475, me paraît difficile à expliquer si le fleuve n'est pas entre le camp et la ville, de même : X, 160-165 et VIII, 500-561 cités plus haut et les passages mentionnés plus bas à propos du gué. Voir discussion dans Leaf, *loc. cit.*, et Dörpfeld, *Troja und Ilion*, II, p. 617 et sq.

du petit village actuel de Koum-Kieuï[1]. Le théâtre de la lutte était partagé en deux régions très inégales : l'une, la grande plaine, sur la rive gauche du fleuve, l'autre, plus petite, entre le Scamandre, le Simoïs et la ville. Pour passer de l'une à l'autre il fallait traverser le Scamandre. Ce ne serait pas nécessaire dans l'autre hypothèse.

Ceci nous amène à la question du gué, mentionné à plusieurs reprises dans l'Iliade.

Le fleuve était trop important pour pouvoir être traversé autrement. Il en est encore ainsi aujourd'hui, bien que le déboisement lui ait fait perdre beaucoup de son abondance[2]. Il existe actuellement plusieurs gués et un petit ponceau en pierre, qu'on a d'ailleurs beaucoup de mal à trouver lorsqu'on veut passer de la plaine sur les collines de Yéni-Schihr et qu'on s'égare dans les marécages.

L'Iliade ne dit nulle part en propres termes que les guerriers *traversent* le gué. Mais, quand Hector blessé est ramené du camp dans la ville et que les guerriers répandent de l'eau du fleuve sur ses blessures « *près du gué où ils étaient arrivés* » (XIV, 433), quand Priam et Idaios vont chercher son cadavre auprès des vaisseaux et que, sur le chemin, « *après avoir dépassé le tombeau d'Ilòs, ils* « *abreuvent leurs mules et leurs chevaux dans le* « *fleuve* » (XXIV, 349) et qu'au retour Hermès les

1. Voir carte II.
2. Voir photographie 18, pl. X, p. 120.

quitte au moment où « *ils atteignent le gué du* « *fleuve au beau cours* » (692), quand Achille repousse les Troyens dans la plaine « *vers la ville* », qu'une partie « *roule dans le fleuve* » et que d'autres parviennent sans doute à atteindre le gué et, avec ceux qui surnagent, à regagner la ville (XXI, 1 et sq.)[1], toutes ces scènes me semblent difficiles à bien représenter si le fleuve, situé de l'autre côté du camp par rapport à la ville, n'est pas traversé, alors que tout devient parfaitement clair s'il coule entre ces deux régions. D'ailleurs pourquoi Homère aurait-il si souvent mentionné le gué s'il n'avait joué aucun rôle dans la lutte? S'il n'était d'aucun usage, pourquoi en aurait-il tant parlé? Il me paraît évident, quand on lit le poème en se représentant les lieux, que, dans son esprit, le fleuve séparait la citadelle du principal champ de bataille et qu'il était plusieurs fois traversé. L'emplacement d'un ancien gué semble d'ailleurs bien indiqué, au Sud de Koum-Kieuï, par des masses de sable qu'a accumulées le Simoïs près de son confluent avec le Scamandre.

1. Voir aussi : l'armée grecque s'avançant du camp dans la plaine et s'arrêtant sur les bords du fleuve (II, 455 et sq.).

Le camp des Grecs

Le camp des Grecs était à proximité de la côte actuelle. Homère indique qu'il était situé entre les promontoires de Rhoiteion et de Sigeion, qui ont conservé leur nom depuis l'antiquité jusqu'à nos jours[1]. La longueur de la plage entre ces deux promontoires est de trois kilomètres. Voici ce qu'Homère nous dit de la disposition des bateaux : « *les vaisseaux avaient été tirés loin du combat sur* « *la rive de la mer blanchissante et devant leurs*

1. L'hypothèse récente de Brueckner (*Jahr. des K. preus. arch. Instituts, Arch. Anzeiger*, Berlin, 1912, p. 616 et sq., *Das Schlachtfeld von Troja*), d'après laquelle le camp des Grecs aurait été installé dans la baie de Bésika, est sans base solide. Elle n'est née d'aucune difficulté de textes, mais seulement du désir d'offrir du nouveau ; elle n'est présentée d'ailleurs qu'à titre de suggestion. Son fondement est purement négatif : 1° l'Hellespont d'Homère aurait compris une partie des côtes de la mer Egée, 2° les traditions qui fixent l'emplacement des tombes d'Achille et d'Ajax ne remontent pas au delà du VII° siècle. Partant de là, Brueckner montre que quatre épisodes de l'Iliade (V, 36, 355, 773 et sq. ; II, 455-475 ; II, 792-4 et X, 428-431) s'adaptent bien à cette nouvelle hypothèse. Mais la topographie habituelle en rend aussi bien compte et d'autres passages de l'Iliade me paraissent au contraire s'y refuser. L'extension de l'Hellespont aux côtes de la Troade est d'ailleurs des plus conjecturales. Ad. Reinach paraît cependant s'être rallié à cette hypothèse, parce que la baie de Bésika présente aujourd'hui un abri meilleur pour une flotte que l'embouchure du Scamandre (*Revue épigraphique*, Mai-Août 1913, p. 180, note 1).

« *poupes un mur avait été construit. Le rivage* « *quoique large ne pouvait pas contenir tous les* « *vaisseaux; aussi les Grecs les rangèrent-ils sur* « *deux lignes et remplirent ainsi toute la largeur* « *comprise entre les promontoires* ». (XIV, 30-36). Les navires antiques ayant environ six mètres de large en moyenne, la distance de trois kilomètres serait remplie par cinq cents bateaux, ce qui ferait mille en deux lignes. Or le chiffre des navires grecs, qui est donné dans le catalogue au chant II, est de 1186. L'ordre de grandeur est le même, c'est tout ce qu'on peut demander. Quant au mur, on a beaucoup discuté à ce sujet. Tenait-il sur toute la largeur de trois kilomètres, était-il édifié seulement sur quelques points, notamment autour des tombes des guerriers morts en combattant? Rien ne permet d'en décider. Tout ce qu'on peut dire c'est qu'il joue un rôle très important dans la lutte; pendant toute une période du récit, c'est une véritable guerre de tranchées et de siège qui se livre autour de lui.

Nous avons quelques détails sur l'installation du camp que ce mur abritait. Nous savons que les vaisseaux et la tente d'Achille étaient sur l'une des ailes, celle d'Ajax sur l'autre et celle d'Ulysse au milieu (XI, 5-9; II, 485 et sq.). Il est difficile de décider si la tente d'Achille était à l'Est, à l'ancienne embouchure du Scamandre, ou au pied du cap Sigeion, où la tradition prétendait montrer, dans les deux tumuli qui s'y trouvent, les tombes d'Achille et de Patrocle. Dörpfeld s'est livré à d'intéressantes discussions sur le sens des mots « droite » et « gauche » dans l'Iliade[1], qui renverseraient cette tradition.

Nous avons une description de la tente d'Achille. Elle était en bois, construite avec des planches de sapin, le toit était en branchages de roseaux, la porte était faite de grandes poutres de sapin; autour était une grande cour limitée par des pieux (XXIV, 448-456); l'installation est confortable. Quand, après un combat meurtrier pour les Grecs, les chefs viennent encore une fois supplier Achille de leur venir en aide, ils entrent dans sa tente, « *Echamède à la belle chevelure leur prépare un* « *doux breuvage.... Elle dresse devant eux une belle* « *table aux pieds bleus bien polis, y place une cor-* « *beille d'airain, des oignons, du miel, de la farine* « *d'orge, une grande coupe ornée de clous d'or* « *soutenue par deux pieds et munie de quatre* « *anses, sur laquelle paissaient deux colombes en* « *or. Elle verse dans la coupe du vin de Pramné, y* « *mêle du fromage de chèvre réduit en poudre* « *avec une râpe d'airain et saupoudre le tout avec* « *de la farine blanche* ». (XI, 624-643). Ailleurs il est question de grands lits couverts de peaux et même de baignoires bien polies où les héros,

1. *Loc. cit.*, p. 622 et sq.

après s'être plongés dans la mer, viennent détendre leurs membres fatigués (X, 576). Si la guerre a duré dix ans, il fallait que l'installation fût sérieuse; les Grecs d'Homère paraissent avoir eu peu à envier, pour le confort de la maison et de la table, aux officiers anglais qui viennent de s'établir sur nos côtes !

Le camp des Troyens. Callicolone

Bien d'autres détails permettent de replacer dans leur cadre les vivants ou tragiques tableaux d'Homère.

Le camp des Troyens était installé sur une petite éminence de la plaine (Θρωσμὸς πεδίοιο, X, 160); il était au bord du Scamandre (VIII, 490), entre le fleuve et les vaisseaux (VIII, 560), non loin du camp des Grecs (X, 161), ni de la ville (VIII, 561). La petite dune de sable formée par l'ancien confluent des deux rivières, où se trouve aujourd'hui le petit village de Koum-Kieuï, le « village du sable », — quelques huttes misérables où gisent des restes antiques — convient très bien pour cet emplacement.

A côté, se trouvait le gué, dont il était important que les Troyens occupassent les têtes. Tout auprès du camp, mais de l'autre côté du fleuve, entre le fleuve et la ville s'élevait — comme il est facile de le conjecturer en rapprochant deux passages de l'Iliade : X, 415 et XXIV, 349 — la tombe d'Ilos, le fils ou le petits-fils de Dardanos, qui de Phrygie vint, d'après la légende, fonder la ville de Troie, à l'emplacement où une vache, conduite par Apollon, s'était arrêtée et où le Palladium d'Athéna était tombé[1].

Les belles collines, Callicolone, reçoivent dans Homère, l'épithète de « *sourcilleuses* ». L'adjectif s'est conservé dans le nom d'une ville grecque de la côte, Ophrynion (de ὀφρύς, sourcil); c'est de ce côté qu'il faut les chercher. L'intention n'est pas très claire; il s'agit sans doute d'un point d'où le regard peut s'étendre. « *Arès semblable à la tempête « exhorte les Troyens à grands cris, tantôt du côté « de la ville, tantôt des hauteurs de Callicolone, « près des rives du Simoïs* » (XX, 51-53, voir aussi XX, 151). Il se trouvait assez près des Grecs pour être entendu des vaisseaux et des Troyens pour l'être de la ville. La colline située en face de Troie, sur la rive droite du Simoïs, dans l'angle formé par les deux fleuves, répond tout à fait aux données de l'Iliade. Elle est « belle », car, de Troie ses lignes ondulent gracieusement; elle est « bonne », car on y embrasse à la fois l'Hellespont, le camp des Grecs, la plaine et la ville.

J'arrive à deux questions plus délicates : dans l'une Homère est en défaut, dans l'autre on l'a taxé

1. Apollodore, III, 2, 3.

d'exagération; c'est la question des sources et celle des effectifs qui se meuvent dans la plaine et dans la ville.

Les sources[1]

J'ai eu occasion déjà de parler de ces sources, qui ont été découvertes auprès de la porte de Dardania, lorsque j'ai suivi le combat d'Hector et d'Achille (plus haut p. 87). Mais j'ai omis intentionnellement un détail, que je ne puis passer sous silence. Il y avait près de la ville, là où étaient les lavoirs, deux sources : l'une froide et l'autre chaude. « *L'une verse une onde tiède, d'où sort de la vapeur* « *comme d'un foyer allumé; l'autre, même en été,* « *coule froide comme la grêle, comme la neige et la* « *glace fondues* ». Ces images sont poétiques; il semble bien cependant qu'il s'agisse d'un fait précis, qui a frappé le poète et qui doit répondre à la réalité. Mais le destin de l'archéologie en a décidé autrement jusqu'ici : on a eu beau plonger et replonger des thermomètres dans ces eaux, ils se refusent obstinément à trahir la moindre différence de température; ils accusent toujours froidement 15 degrés. C'est intolérable! Ces thermomètres n'ont pas le sens de l'antiquité. Mais le fait est là, il faut se rendre à l'évidence. Ou la source chaude a disparu, ou on ne l'a pas encore trouvée, ou Homère l'a inventée. Mais je ne vois pas à quelle intention répondrait cette invention; le détail n'ajoute rien à la description; il est sans aucun objet, si ce n'est pas un renseignement précis. Il existe d'ailleurs des sources chaudes en Troade, qui ne sont pas très loin de là[1]. L'une des deux premières hypothèses me paraît plus vraisemblable.

Effectifs en présence. La ville basse

Un second fait d'un autre ordre a été invoqué contre la véracité d'Homère. La ville qui a été dégagée n'a pas plus de 30000 mètres carrés. Or, le nombre des guerriers qui la défendaient, s'élevait, d'après l'Iliade, à plus de 100000 hommes; le chiffre est à peu près le même pour les Grecs[2]. La plaine, d'autre part, longue de 7 à 8 kilomètres dans la partie où la bataille est engagée, n'a pas plus de 3 kilomètres de largeur, sur laquelle ce n'est pas 200000 hommes, mais tout au plus 10000 — un peu moins d'une de nos divisions — qui pourraient évoluer. L'imagination d'Homère n'a-t-elle pas « débordé sa documentation[3]? ».

1. A Gönen dans la plaine basse de l'Aisépos, à Tragasae près d'Hamaxitos sur la côte occidentale de la Troade (voir carte III à la fin du volume). Il existe d'autres sources près de Troie : au Nord du Simoïs, à Bounarbaschi; mais elles sont également froides.

2. Voir plus bas, p. 198.

3. Dussaud, *loc. cit.*, p. 144.

Sur le premier point, une réponse a été faite, mais qui est incertaine : les ruines ne seraient que celles de l'acropole de Troie; il aurait existé au pied, peut-être à l'emplacement de l'Ilion gréco-romaine, une ville basse, où une population nombreuse pouvait trouver place. Homère distingue nettement la ville : *polis*, *asty*, et la ville haute : *polis acri*, *pergamos*[1]; il dit positivement que, non seulement tous les Troyens, mais les contingents alliés aussi, campaient dans la ville (II, 803). Rien ne s'oppose dans le texte à l'existence de cette ville basse, sauf que, dans le récit de la course d'Hector et d'Achille autour de l'acropole, il n'est pas indiqué que les héros seraient passés trois fois entre la ville basse et la citadelle. Peut-être n'était-ce qu'un village sans murs, ou un camp volant? Dörpfeld, d'autre part, a proposé d'admettre que la ville haute désignerait dans Homère la terrasse supérieure, où se trouvaient les temples et le palais et que la ville basse aurait été celle qu'il a dégagée.

Les sondages, qui ont été faits à l'emplacement de l'Ilion romaine, ont mis à jour des tessons des VIe, VIIe et VIIIe villes; mais ils peuvent provenir de

1. L'épithète de « grande ville » qu'il donne à Troie peut s'appliquer à la seule acropole; toutes les villes de l'époque sont petites et la disposition en hautes terrasses donnait à Troie un aspect particulièrement imposant. Il se représente sans doute la ville précédente comme fort petite, puisqu'il l'a fait prendre par Héraclès, avec six vaisseaux et quelques hommes seulement (V, 640-641).

la chute de maisons de la première terrasse, ou appartenir à des tombes qui n'ont pas été explorées. Seules des fouilles méthodiques pourront trancher la question.

Sur le second point, je ne vois pas pourquoi on veut absolument que toutes les troupes grecques et troyennes se soient trouvées en même temps rangées en bataille dans la plaine. Il n'y a rien de tel dans l'Iliade et, pour un homme sur le front, nous savons combien il en faut en réserve et à l'arrière! En outre, si la guerre a duré dix ans, comme le dit la tradition, il y a bien des chances pour qu'il y ait eu des contingents successifs, des levées nouvelles d'un côté comme de l'autre[1].

Ne nous hâtons donc pas de taxer le poète d'erreur, quand il nous a donné par ailleurs tant de preuves de son exactitude et ne soyons pas plus exigeants que le plus consciencieux et le plus solide historien de l'antiquité, Thucydide, qui nous prévient contre une incrédulité excessive : « Si Mycènes « fut petite, ou si telle autre des villes d'alors « semble aujourd'hui plus considérable, ce ne sont « pas des preuves suffisantes pour croire que « l'expédition de Troie n'a pas eu l'importance « que lui donnent les poètes et la tradition. Si « Lacédémone était dévastée et qu'il n'en restât « que les temples et les fondements des autres

1. Voir plus bas, p. 198-199.

« édifices, je crois qu'après un long temps, la « postérité, comparant ces vestiges avec la gloire « de cette république, ajouterait peu de foi à sa « puissance[1]. »

Les Tumuli

Les tumuli vont nous donner un autre et dernier témoignage de la véracité du poème, à l'égard de la plaine de Troie, quoique, dans l'état où nous les connaissons, ils ne permettent pas encore de pousser très loin les identifications. Ce sont des monticules de terre, en forme de cône ou de dôme, qui arrondissent, de place en place, dans la plaine leurs croupes roussies par le soleil et donnent au paysage un de ses caractères les plus frappants. Là ont été fixés par la tradition, à côté de tombes beaucoup plus anciennes remontant à l'époque néolithique et de tombeaux romains, les souvenirs des héros grecs et troyens tués en combattant, vaste cimetière, où, au cours des âges pendant plusieurs millénaires, les hommes ont accumulé et dressé dans la solitude, à la face du ciel, les monuments de leurs morts.

Or ces tumuli jouent précisément un rôle important dans l'épopée. Homère vénérait déjà des tombes plus anciennes que celles des héros dont il chante

1. Thucydide, I, 10.

les exploits. C'est sur la tombe d'Aisyetès que se tient la sentinelle, Politès, lorsqu'elle observe, pour renseigner Priam, le débarquement de la flotte (II, 793); c'est de la tombe d'Ilos, fondateur mythique de Troie[1], que Pâris lance sa flèche traîtresse contre Ménélas (XI, 369 et sq.); les Troyens et leurs alliés se rangent en bataille sur le coteau de Bateia, près de la ville, autour du tumulus de l'Amazone Myrina (II, 811 et sq.). Mais les héros mêmes du poème avaient déjà leurs monuments funéraires dans la plaine. A la fin de l'Iliade, Achille recueille pieusement les ossements de son ami Patrocle, il les met dans une urne d'or, enveloppés d'une double couche de graisse, et fait élever au-dessus un cénotaphe « *large et haut* » (XXIII, 247), où ses propres cendres devront rejoindre celles de son cher compagnon. Et dans l'Odyssée nous apprenons que cette dernière volonté d'Achille fut accomplie. « *Autour de tes os, nous, la sainte armée des Argiens,* « *habiles à manier la lance, nous amoncelâmes un* « *grand et louable tombeau sur le rivage avancé du* « *large Hellespont; qu'il soit visible de loin, de la* « *mer, pour les hommes qui sont nés et ceux qui* « *naîtront.* » (Odyssée, XXIV, 76 et sq.). Des rites en tous points identiques sont accomplis à la mort d'Hector, dont la tombe est dressée en hâte auprès de la ville (Iliade, XXIV, 792 et sq.).

1. Voir plus haut, p. 113, et plus bas, p. 131.

Pendant toute l'antiquité, les voyageurs venaient rendre hommage à ces tombeaux illustres et à d'autres encore, dont les écrivains nous ont conservé la mention : celui d'Ajax, près de Rhoiteion (Strabon XIII, 595; Pausanias, I, 35, 3; Philostrate, 288), celui d'Hécube et de Protésilaos, sur la côte d'Europe, près de Siddil-Bahr (Strabon, XIII, 595), celui d'Antiloque auprès de ceux d'Achille et de Patrocle (Strabon, XIII, 596).

Ces données de l'Iliade répondent donc bien dans l'ensemble à la réalité. Mais la difficulté commence lorsqu'on cherche à distinguer ceux qui peuvent appartenir à l'époque homérique et ceux que les *cicerones* d'époque grecque désignaient seulement comme tels aux visiteurs. L'archéologie a joué ici de malheur. Les premières recherches de Lechevalier et de Choiseul-Gouffier et celles de Schliemann ont été menées si maladroitement que les conclusions, qu'on peut tirer de leurs relations, sont incertaines. Depuis, les autorités turques se sont opposées à de nouvelles fouilles.

La photographie 19, planche X[1], est prise du tumulus que toute l'antiquité a assigné à Achille, d'après le texte de l'Odyssée que j'ai cité plus haut. Il s'élevait au temps de Schliemann à 6 m. 50 de haut, au Nord de la petite rangée de collines de Yéni-Schihr en face du « *large Hellespont* » et de la

1. P. 120.

18. — LE SCAMANDRE
Voir p. 104.

19. — TUMULI D'ACHILLE ET DE PATROCLE
Voir p. 120-122

mer Égée; on aperçoit à 350 mètres vers l'Est celui de Patrocle. Cette dualité est contraire à la donnée homérique, d'après laquelle une seule et même tombe abritait les cendres des deux héros. Quand l'ombre de Patrocle apparaît à Achille à la fin de l'Iliade et lui reproche de tarder à accomplir les rites funéraires, elle le lui demande formellement : « *Donne-moi la main, mon ami, je t'en supplie en pleurant.... Jamais plus, vivants, nous ne nous confierons l'un à l'autre.... Mais que mes ossements ne soient pas séparés des tiens, qu'ils soient unis comme nous l'avons été dans nos demeures.* » Achille exprimait, un peu plus haut, la même pensée. Comment l'antiquité l'a-t-elle ainsi méconnue? Le fait est inexplicable. Le tumulus a été exploré en 1786 par un juif de Dardanelles, Gormezano, dont le témoignage a été mis en doute. Schliemann dit y avoir découvert des tessons de cette « poterie noire faite à la main qui est particulière à la première et plus ancienne cité d'Hissarlik, mais ces tessons peuvent s'être trouvés sur le sol quand le tumulus a été érigé[1] ». Il y a trouvé aussi une pointe de flèche « en bronze ou en cuivre », dans laquelle existaient encore les têtes de petits clous qui la fixaient au bois. Il n'y avait pas trace de cendres ni d'ossements; mais, parti d'idées fausses sur leur emplacement probable, il a foré

1. Schliemann, *Ilios*, p. 858.

son puits en un point où il ne pouvait rien trouver. Les objets soi-disant découverts par Gormezano et publiés par Lechevalier et Choiseul-Gouffier (des lécythes, un très beau manche de miroir en bronze) sont tous d'époque grecque[1]; mais on n'a jamais pu établir s'il ne s'agissait pas d'une fraude.

Le tombeau de Patrocle, sondé en 1855 par Calvert et en 1882 par Schliemann, n'a donné que des tessons de l'époque hellénique. Celui d'In-Tépé, au Nord de la plaine près de Rhoiteion, qui répond à celui d'Ajax, a été remanié à l'époque d'Hadrien et les fragments que Schliemann a mis à jour sont d'époque incertaine. Le grand tumulus d'Uyek-Tépé, qui se dresse à 20 mètres de haut à l'Est de la baie de Bésika, paraît avoir été construit par Caracalla au IIIe siècle de notre ère.

Lorsque Dörpfeld a voulu reprendre toutes ces recherches, en 1893, les autorités turques s'y sont opposées, en raison de la proximité des batteries.

Mais d'autres tumuli remontent incontestablement à une époque beaucoup plus ancienne. Celui de Pasha-Tépé, près d'Hissarlik, fouillé de nouveau en 1890, contenait de la céramique des VIe et VIIe villes; celui d'Hassaï-Tépé, près de Thymbra renferme trois couches : la plus profonde est constituée par des débris d'incinération de l'époque néolithique, la seconde par des cendres et de la poterie

1. Voir Choiseul-Gouffier, *loc. cit.*, et Dörpfeld, *Troja und Ilion*, II., p. 544, pl. 66.

de la VIe ville de Troie, la troisième appartient aux époques grecque et romaine. En face, au-dessus de la mer, celui de Bésika-Tépé a fourni une poterie assez particulière, qui correspond à l'époque de la IIe ville, mais présente une technique différente, dont l'origine est encore inconnue. La tombe de Protésilaos, à Siddil-Bahr, dans la Chersonèse de Thrace, a donné des produits analogues[1].

C. Jullian et E. Pottier ont annoncé tout récemment à l'Académie des Inscriptions et Belles-Lettres[2] qu'un officier actuellement sur le front venait de découvrir dans une tranchée près de Siddil-Bahr des constructions, des inscriptions, des sarcophages et des vestiges très anciens. Cette trouvaille, faite sous le feu de l'ennemi, est émouvante et rappelle les traditions de nos vieilles armées d'Égypte et d'Afrique. Le bouleversement des terres de la presqu'île de Thrace dans cette guerre de tranchées sera certainement fécond pour l'archéologie.

... Et maintenant, « *les guerriers, concevant de* « *grandes espérances, passent la nuit sur le sentier* « *de la guerre et des feux sans nombre brillent* « *dans le camp. Dans le ciel, où ne souffle aucune* « *brise, la lune est environnée des douces lueurs* « *des étoiles. Les collines, les sommets des promon-* « *toires, les vallées s'éclairent et l'espace infini du*

1. Voir carte II à la fin du volume.
2. *Le Temps*, 7 Juin 1915, 18 Juillet 1915; *Journal Officiel*, 29 Juin 1915, p. 4375.

« *ciel s'ouvre et se peuple d'astres innombrables.* « *Aussi nombreux brûlent les feux nocturnes de-* « *vant Ilion, et cinquante guerriers reposent auprès* « *de chacun. Leurs chevaux se repaissent d'orge* « *blanche et d'épeautre et attendent debout le retour* « *de l'éclatante aurore.* » Est-ce un soldat, qui du front nous envoie cette sereine image des nuits étoilées de l'Hellespont? Non, c'est le poète aveugle qui, sur les rives du Scamandre, chantait, quand est né le jeune monde de l'Hellade, et qui chante encore[1].

1. *Iliade*, VIII, 553-565.

CHAPITRE II

LE PEUPLE DES TROYENS

Les fouilles nous ont montré que Troie, ville préhellénique de même époque que Mycènes, Argos, Pylos et les autres cités d'où venaient les Grecs conquérants, existait dans la plaine, qu'elle a été détruite à la fin de cette époque d'une façon systématique qui révèle l'œuvre d'un conquérant, qu'elle a tous les caractères que lui donne l'Iliade et qu'Homère en connaissait bien la topographie; nous avons vu ensuite que la lutte s'est déroulée dans les vallées du Scamandre et du Simoïs, que le poète n'a pas disposé les armées et leurs camps et réglé leurs mouvements au gré de sa fantaisie, mais qu'il les a placés dans un cadre bien réel, et que ce cadre lui était certainement familier.

Les renseignements qu'il nous donne sur la Troade, où vivait le peuple des Troyens, ne sont pas non plus une fiction.

Troie était la citadelle qui dominait la plaine; les chefs qui, dans ses murs, se groupaient autour de Priam et d'Hector, venaient de villes ou de villages environnants. Homère les mentionne à diverses reprises au cours du poème ; il nous en a même donné une énumération dans un document très important de la fin du IIe chant, le *Catalogue*[1] des armées en présence.

Ce catalogue est une sorte de recensement versifié, assez fastidieux, malgré les embellissements que le poète a cherché à y introduire, mais qui, par là même, me paraît présenter de réelles garanties de vérité, car il donne à première vue l'impression d'un périple, démarqué et poétisé, dont les renseignements auraient été introduits dans le poème. Il se compose de deux parties : l'une énumère les vaisseaux achéens, l'autre les forces troyennes et celles de leurs alliés. Je reviendrai sur la première, la seconde se divise très logiquement en deux groupes : le peuple des Troyens qui habitent la Troade et les alliés venus de lointains parages pour porter secours à la citadelle menacée. Voyons d'abord ce qu'il nous dit des Troyens, en complétant le catalogue par les diverses données éparses dans le poème. Nous verrons qu'Homère avait certainement une conception positive de la région et que cette conception répond à la réalité. Nous arriverons en même temps à définir le caractère de cette population, et à nous faire une première idée

1. Démétrius de Scepsis, en Troade, avait écrit un commentaire en trente livres sur les soixante-deux vers du catalogue troyen (Strabon, VII, fragm. 59 ; XIII, 1, 45 et 55).

du rôle que devait jouer la citadelle de Troie et des causes probables de cette longue guerre où elle a résisté si désespérément.

Homère et la Troade

La Troade[1] comprend tout le Nord-Ouest de l'Asie Mineure. L'Hellespont, la mer Égée, le golfe d'Adramytte forment ses limites naturelles au Nord, à l'Ouest et au Sud ; du côté de l'Est, il résulte de l'Iliade et des descriptions géographiques des anciens, qu'elle s'étendait jusqu'à la vallée de l'Aisépos et jusqu'à une ligne moins bien définie, qui part des sources de ce fleuve pour aboutir, à tra-

1. Principales études sur la topographie de la Troade : Lechevalier, déjà cité ; R. Chandler, *Voyages dans l'Asie Mineure et en Grèce*, I, Oxford, 1775, trad. fr., 1806 ; E. D. Clarke, *Travels in various countries of Europe, Asia and Africa*, Londres, 1812 ; W. Leake, *Journal of a tour in Asia Minor*, Londres, 1814 ; Barker Webb, *Topographie de la Troade*, Paris, 1844 ; A. Mauduit, *Découvertes dans la Troade*, Paris, 1840 ; Schliemann, *Reise in der Troas*, Leipzig, 1881. Plus récents : H. Kiepert, *Die alten Ortslagen am Südfuss des Idaberges*, dans *Zeitsch. der Gesell. für Erdkunde zu Berlin*, Berlin, 1889, p. 291 et sq. ; W. Judeich, *Bericht über eine Reise im Nordwestlichen Kleinasien*, dans *Sitzungsb. der K. preus. Akad. der Wiss. zu Berlin*, Berlin, 1898, II, p. 531 et sq. ; Th. Wiegand, *Reisen in Mysien*, dans *Ath. Mitteil.* Athènes, XXIX, 1904, p. 254 et sq. ; F. W. Hasluck, *Cyzicus*, Cambridge, 1910 ; W. Leaf, *Troy a study in Homeric Geography*, Londres, 1912, à qui j'ai beaucoup emprunté ; Ad. Reinach, *Voyage épigraphique en Troade et en Eolide*, dans *Revue Épigraphique*, mai-août 1913, p. 166 et sq., septembre-décembre 1913, p. 299 et sq., janvier-mars 1914, p. 35 et sq.

vers la montagne, à la plaine de Thèbe, que commande aujourd'hui la ville d'Adramytte sur le golfe de même nom[1].

C'est un pays essentiellement montagneux, constitué par le massif de l'Ida et ses ramifications. La chaîne principale, qui se dirige de l'Est à l'Ouest, puis du Sud au Nord et qui, dans sa partie centrale, atteint 1800 mètres, partage la région en deux parties bien définies et très inégales; l'une, beaucoup plus importante, la Troade du Nord, l'autre la Troade du Sud, en bordure de la mer Égée.

La Troade du Nord est couverte par des montagnes enchevêtrées, avec des zones boisées et de grandes forêts de pins, et par des collines ondulées, où le chêne croît en abondance. La population est nécessairement très clairsemée et très pauvre dans la montagne, où l'on ne rencontre guère que des huttes de bûcherons. Mais trois vallées, formées par les principaux fleuves qui descendent de l'Ida : le Scamandre, le Granique et l'Aisépos offrent des plaines alluviales assez fertiles, capables de nourrir des villages relativement populeux. Le Scamandre en possède deux princi-

1. Voir carte III à la fin du volume. Aujourd'hui la vallée de l'Aisépos et la plaine d'Adramytte font partie du *vilayet* (province) de Brousse; le reste de la Troade est constitué en un *sandjak* ou *moutessariflik* (département) relevant directement de Constantinople et dont le *moutessarif* (préfet), autrefois à Bigha, réside aujourd'hui à Dardanelles.

pales : la plaine basse, celle de Troie, dont j'ai suffisamment parlé, puis une autre plus grande, longue de 30 kilomètres et large de 10 environ, l'ancienne plaine samonienne, entre la petite ville d'Ézine (chef-lieu d'un *caza*, arrondissement) au confluent du Scamandre et de l'un de ses affluents, et le joli village de Bairamisch, en terrasse sur une colline au-dessus du fleuve, avec une belle forêt de pins. Des sources du Scamandre on descend par des défilés boisés dans la vallée haute de l'Aisépos, la région d'Astyra, où l'on trouve des forêts, des champs, des mines d'argent et de plomb, et plusieurs villages, puis dans la plaine basse, dont le centre est le gros bourg de Gönen, bien connu dans le pays pour ses sources d'eau chaude et sa grande foire de chevaux; il est coupé de la mer par des rangées de collines. A l'Ouest de l'Aisépos se développe parallèlement la vallée du Granique, très resserrée dans ses parties supérieure et moyenne, mais qui s'ouvre dans la mer par une large plaine, la plus importante et la plus riche de la région; cette plaine est commandée aujourd'hui par la pittoresque petite ville de Bigha, autrefois le chef-lieu du *sandjak* (département), dont le *moutessarif* (équivalent à un de nos préfets) est aujourd'hui à Dardanelles. Les collines, qui dominent au Nord-Ouest la plaine basse du Granique, envoient à la mer une série de petits torrents parallèles, presque constamment à sec; à leur embouchure sur l'Hellespont, se trouvent quelques petites localités maritimes, dont la plus importante est aujourd'hui Lampsaki, sur le site de l'ancienne Lampsaque.

Ainsi les populations de cette région principale de la Troade sont concentrées dans trois vallées et le long de la côte, sur une ligne courbe, de forme grossièrement circulaire, qui, partant de Troie, passe par la vallée du Scamandre et celle de l'Aisépos, par la plaine basse du Granique et le long de la côte de l'Hellespont, pour se refermer au point de départ[1].

Voyons ce que nous dit Homère. Le catalogue nous présente précisément cette distribution, dans l'ordre même de son énumération.

I. TROIE. — « *Le grand Hector, fils de Priam,* « *au casque brillant, conduisait les Troyens. A ses* « *côtés se rangeaient de nombreux et vaillants* « *guerriers qui manient le javelot* » (II, 816-818). C'est la forteresse de Troie. Des guerriers l'habitent. Un domaine l'entoure, comprenant la plaine et les collines environnantes; sa principale industrie est l'élevage de chevaux; nous savons par d'autres passages de l'Iliade (notamment XX, 685) qu'il possède des vignobles et des champs. Ce domaine est petit et sans importance commerciale.

1. W. Leaf, *Troy*, p. 175. Cette remarque a été également faite par T. W. Allen, *J. H. S.*, XXX, 1910, p. 314.

II. Dardania. — « *Les Dardaniens étaient com-« mandés par le valeureux fils d'Anchise, Énée. « que la divine Aphrodite mit au monde après s'être « unie à un mortel, sur les collines de l'Ida* » (II, 819-823). Dans un autre passage de l'Iliade, nous trouvons un renseignement plus précis : « *Zeus, « amasseur de nuages, enfanta Dardanos, qui « fonda Dardania : alors la ville sacrée des « hommes, Ilion, n'était pas encore bâtie dans la « plaine, mais les hommes habitaient au pied des « pentes de l'Ida aux sources abondantes* » (XX, 215-218). « *Aux pieds de l'Ida* », c'est la plaine haute du Scamandre; il n'y a pas de doute sur cet emplacement. C'est là que Strabon place Dardania, mais Dardania même avait disparu de son temps[1]. Dardanos est l'ancêtre des Troyens ou Iliens, par ses petits-fils Tros et Ilos; Érichthonios, leur père, « *possédait mille cavales, dont quelques-« unes, fécondées par Borée, mirent au monde « douze poulains d'une vitesse merveilleuse* » (*Il.*, XX, 219-229).

Les mots employés par Homère désignent un pays peuplé de villageois, qu'il oppose à Troie, la ville, la cité proprement dite. C'était sans doute,

1. Il ne faut pas confondre Dardania avec Dardanos, dont il a été souvent question dans ces derniers temps, à propos du fort de ce nom et qui se trouve sur la côte de l'Hellespont au-dessous de Dardanelles ; c'est une fondation postérieure, de l'époque grecque.

comme aujourd'hui, un groupe de villages paisibles, dont les habitants étaient des chasseurs, des pasteurs et des agriculteurs, et se livraient à leurs occupations pastorales et agrestes, loin de la mer et à l'abri de ses pirates. Homère nous dit qu'Énée y faisait paître ses troupeaux et, dans l'*Hymne à Aphrodite*, c'est là que la déesse « *inspire de doux désirs à Anchise, qui, conduisant* « *ses bœufs, errait sur les sommets de l'Ida aux* « *sources innombrables* »; de Cypros elle se dirige vers Troie, parvient à l'Ida et « *marche droit vers* « *les cabanes des bergers, où elle trouve dans les* « *étables, loin des autres, le héros, semblable aux* « *immortels par la beauté* ».

III. Zéleia. — « *Puis venaient les habitants de* « *Zéleia, à l'extrémité de l'Ida, ces riches Troyens* « *qui boivent l'eau sombre de l'Aisépos. Ils sont* « *commandés par le glorieux fils de Lycaon,* « *Pandaros, à qui Apollon lui-même donna son* « *arc.* » (824-827).

La fondation de Zéleia est attribuée par le scholiaste de ce passage à un personnage qui s'y établit sous le règne de Tros. Elle a conservé son nom pendant l'antiquité et son emplacement est bien déterminé par la découverte d'inscriptions sur le site d'un village actuel, Sary-Kieuï, qui se trouve à quelques kilomètres de la côte.

Il est à remarquer que le domaine de Zéleia est

habité par une population « *riche* », que le poète appelle des « *Troyens* ». Dans un autre passage, il leur donne le nom de Lyciens et, plus tard, cette région est désignée par celui de petite Lycie[1]. Cette appellation dérivait peut-être du titre d'Apollon Lykios ou Lykaios (Apollon-loup, suivant les uns, Apollon-lumineux, suivant d'autres), qui avait à Zéleia un oracle célèbre[2], et qui était en de très bons termes avec le fils de Lycaon, puisqu'il lui fit cadeau de son arc et semble même avoir fait hériter le père de son titre. Les sources chaudes voisines ont dû jouer un rôle dans la fondation de cet oracle; c'est peut-être là que Mérope de Percote, que mentionnent les vers suivants, pratiquait la divination.

L'histoire de Zéleia est peu connue; elle a servi de G. Q. G. (grand quartier général) aux Perses avant leur défaite sur le Granique par Alexandre; Xénophon nous décrit la région qu'elle commande, la région du lac d'Aphnitis ou de Dascylitis[3], comme « riche en grands et nombreux villages, bien appro« visionnée, avec des jardins, des champs et des « plaines fertiles[4]. » C'est de là que devait venir sa prospérité. Mais elle n'était pas en contact avec la

1. Schol. *Iliade*, IV, 90 et 103.
2. Tzetzès, *Lycophron*, 315 et Schol. *Il.*, *ibid.*
3. Voir discussion de Hasluck sur ce point : *Cyzicus*, Cambridge, 1910, p. 45 et sq.
4. *Helléniques*, IV, 1, 15.

mer, dont elle est coupée par les collines où l'Aisépos se fraye un chemin tortueux, et ne devait pas jouer le rôle d'une ville située sur une grande route de commerce.

IV. ADRASTÉE, APAISOS, PITHYÉE. — « *Ceux qui* « *viennent ensuite possédaient Adrastée et la cité* « *d'Apaisos, Pithyée et la montagne élevée de Té-* « *rée. Adraste et Amphios à la cuirasse de lin* « *les commandent, tous deux fils de Mérope de* « *Percote, le plus habile des hommes dans la divina-* « *tion.* » (828-834). Adrastée était située quelque part dans les collines qui s'élèvent sur la rive gauche du Granique; Strabon nous l'affirme. Le pays est assez désolé aujourd'hui et délaissé, mais la nature du sol montre qu'il a dû autrefois être beaucoup plus riche, plus peuplé et plus important.

C'était un centre politique, qui passa dans la suite sur la côte, à Priape et à Pegæ, pour revenir au cours des temps, sous l'occupation turque, non loin de son point de départ, dans l'intérieur, à Bigha, dont il a parlé plus haut.

Avec Apaisos (ou Paisos) et Pithyée, nous arrivons à la région côtière de l'Hellespont. Apaisos est mentionnée par Hérodote. Strabon nous dit que, de son temps, les habitants en avaient été transférés à Lampsaque; nous savons, par un autre passage de l'Iliade (V, 612), qu'Amphios qui l'habitait possédait « *des biens abondants et des champs nombreux* ». Leaf l'identifie avec un promontoire qui domine une petite plaine.

Pithyée (ou Pityussa, de πίτυς, pin) paraît avoir été l'ancienne appellation de Lampsaque; la légende rapporte que les Argonautes y déposèrent la toison d'or avant de l'emporter en Thessalie; elle était fameuse dans l'antiquité pour son vin. Elle est située aux abords d'une petite plaine, entourée de collines encore couvertes de vignobles et ombragées par des bois de pins. On y cultive aujourd'hui, outre la vigne, des légumes et des fruits en abondance; l'élève des chevaux y est prospère; elle possède un bon petit port avec un passage par *ferry-boat* pour Gallipoli, située en face à trois milles sur la côte européenne.

La montagne élevée de Térée n'a pas été identifiée.

V. Percote et le Practios, Arisbé et le Selleis, Sestos et Abydos. — « *Puis viennent ceux* « *qui habitaient Percote et le Practios et possédaient* « *Sestos, Abydos et Arisbé la divine. Asios, fils* « *d'Hyrtacès, les commande, Asios, qui vint le* « *premier, traîné par de grands chevaux noirs,* « *d'Arisbé et des bords du Selleis.* » (835-839).

Percote n'est pas au bord de la mer, mais sur la petite rivière du Practios, à l'emplacement du village de Bergos, dont le nom n'en est peut-être qu'une corruption. Des ruines importantes de l'époque mycénienne y ont été découvertes à un kilomètre environ au Nord, les plus importantes de cette époque, après Troie, dans la Troade. La région est fertile et très riche en arbres fruitiers.

Arisbé, d'après un texte ancien, était située entre Percote et Abydos, dans la vallée qui les sépare, celle du Yapildak-Tchaï, l'ancien Selleis; Alexandre y passa lors de son pèlerinage à Troie; une petite bourgade de ce nom existait encore à l'époque byzantine.

Quant à Sestos et à Abydos, ce sont les deux points fameux, situés l'un en face de l'autre sur les côtes de l'Hellespont, qui ont tant de fois servi de route entre l'Europe et l'Asie. C'est ici, à Nagara, que l'Hellespont est le plus étroit. Cette route devait être familière aux populations de la région, qui l'avaient empruntée lorsqu'elles étaient arrivées de Thrace pour s'installer dans la Troade. En même temps que de petits ports, Sestos et Abydos étaient donc pour les Troyens des points essentiels, qui leur permettaient de tenir le passage d'une côte à l'autre et de s'opposer à de nouveaux envahissements. Je ne m'arrêterai pas à tous les souvenirs qui s'y attachent à l'époque historique : Darius, Xerxès, Alexandre, la gracieuse légende d'Héro et de Léandre, le bain de Lord Byron, qui voulut renouveler les exploits de Léandre et nous a confié sa déception dans un petit poème, où il raconte sa traversée à la nage : « Léandre y a

« trouvé la mort, moi pauvre moderne dégénéré, je « n'y ai attrapé que des douleurs et la fièvre »[1].

Ces deux derniers groupes (IV et V) appellent quelques remarques. Le nom d'Asios, chef du dernier, est intéressant. C'est la première fois que le nom d'*Asie* apparaît dans l'histoire; Homère l'applique, dans un autre passage, aux prairies qu'arrose le Caystre. C'est un nom thraco-phrygien, qui eut dans la suite une brillante fortune.

Mais voici qui est plus important. Homère ne cite aucun nom de tribu, depuis les Dardaniens de Dardania et les Troyens de Zéleia. Dans tout le poème, sauf le nom de Lyciens dont j'ai parlé plus haut, ce sont les deux seules appellations qu'il donne aux habitants de la Troade du Nord. D'autre part, ces deux groupes sont étroitement apparentés, puisqu'Amphios, qui commande le premier, était le fils de Mérope de Percote, le principal centre du second. Or nous savons que le fondateur d'Arisbé appartenait à la maison d'Énée et à celle de Priam. Il y avait donc une connexion étroite entre ces deux derniers groupes et les trois premiers. Toute cette Troade était entre les mains de cinq « baronnies », dont les seigneurs étaient de même famille.

A la suite de ces cinq seigneuries et avant de parler des Thraces, les premiers des alliés lointains

1. *Miscellaneous Poems, Written after swimming from Sestos to Abydos*, le 3 mai 1810.

qu'il donne aux Troyens, Homère mentionne un sixième groupe, qui ne peut être par conséquent que très voisin des précédents. Il ne lui consacre que quatre vers :

« *Hippothoos conduisait les tribus des Pélasges*
« *à la lance redoutable, qui habitent les campagnes*
« *fertiles de Larissa et marchent sous les ordres*
« *d'Hippothoos et de Pylaios, descendant d'Arès,*
« *l'un et l'autre fils du pélasge Léthos, le teuta-*
« *mide* » (840-843); mais ces vers contiennent une indication précise : Larissa, dont le site a pu être identifié à très peu près par Calvert[1], grâce à Strabon qui en indique la distance à Troie et la situation, près d'Hamaxitos dont l'emplacement est bien déterminé; Thucydide confirme qu'elle était au bord de la mer. Elle est située près de l'embouchure du Satnioeis, dans la plaine halésienne (ἅλας, sel), au point de rencontre de deux régions côtières, l'une en bordure de la mer Égée, la Pérée (περαῖα, côte opposée) de Ténédos, l'autre le long du rivage Nord du golfe d'Adramytte.

Mais si Homère ne cite ici que Larissa, très nombreux sont les pays et les localités que, dans le reste de l'Iliade, il attribue à cette région : c'est d'abord Ténédos et Lesbos, dont il est souvent question et dont l'identification n'est pas douteuse;

1. *Archaeological Journal*, XVIII, 1861, p. 253; voir Leaf, *loc. cit.*, p. 204; Ad. Reinach, *Voyage épigraphique*, *Rev. épigr.*, sept.-déc., 1913, p. 299.

puis Chrysa, près d'Hamaxitos, la patrie de Chryséis, la fille du prêtre d'Apollon retenue par Agamemnon qui suscita la fameuse querelle entre Achille et le grand roi; Pédasos (Assos), sur les rives du Satnioeis, la grande citadelle de la côte Sud de la Troade, l'escale principale des bateaux qui venaient du Sud dans leur voyage vers l'Hellespont; elle était commandée par Altès, l'un des beaux-pères de Priam; des pointes de flèches préhistoriques en bronze de section triangulaire du type mentionné dans l'Iliade (V, 393; XI, 507) et un vieux moule à couler le métal, semblable à ceux d'Hissarlik, y ont été découverts[1]; Lyrnessos, où s'était réfugié Énée poursuivi par Achille, qui conquit la ville, et Killa, lieu de culte d'Apollon Smintheus, l'une et l'autre quelque part dans le voisinage de Thèbe, la patrie d'Andromaque, qui s'élevait dans la large plaine arrosée par l'Euénos au fond du golfe d'Adramytte.

Cette région se distingue nettement du reste de la Troade, dont elle est séparée par d'importants contreforts de l'Ida. Les pentes, qui descendent de ces chaînes vers la mer, ont un climat plus doux : la neige y est inconnue, l'olivier y pousse en abondance, l'huile s'en exporte au loin. Le long de la mer Égée, c'est une plaine côtière ondulée qui s'étend du Sud au Nord, étroite d'abord, puis qui

1. J.-T. Clarke, *Report on the investigations at Assos* 1882, 1883, New-York, 1898, p. 44-45 et p. 59.

va s'élargissant, sillonnée de petits vallons parallèles et s'ouvrant de toutes parts vers la mer que domine Ténédos; le long du golfe d'Adramytte la disposition est différente et très caractéristique : une vallée possédant des plaines fertiles, la vallée du Satnioeis, Tuzla-Tchaï (la rivière du sel), se déroule aux pieds de l'Ida, barrée du côté de la mer par un plateau long et étroit, dû à un soulèvement volcanique; deux coulées successives de trachyte sont venues recouvrir le calcaire primitif et accentuer les pentes, qui descendent abruptes dans la mer; plus à l'Est la côte s'abaisse et s'élargit jusqu'à la grande plaine alluviale de Thèbe, que dominent les hauts plateaux de l'Ida.

Homère nous dit que là habitaient « *les tribus des Pélasges* ». Strabon a appelé l'attention sur ce pluriel; il s'agissait non d'un peuple unique, mais de plusieurs clans, auxquels étaient peut-être apparentés les Lélèges, les Kilikes et les Caucones[1], dont il est question ailleurs dans l'Iliade; car les Lélèges possèdent la citadelle d'Assos (XXI, 85-6) et les Kilikes la ville de Thèbe (VI, 415); pour les Caucones (X, 429 et XX, 329), la question est des plus incertaines.

Les Pélasges nous reportent à une époque très lointaine et soulèvent des problèmes difficiles. On les retrouve à Dodone en Épire, en Attique, dans

1. Mais dans un autre passage, X, 428-431, Homère distingue les Lélèges, les Caucones et les Pélasges.

le Péloponèse et jusqu'en Crète. Le sens que l'antiquité attache à leur nom est celui d'*autochthones*, de populations indigènes, antérieures à l'établissement des Grecs. S'agit-il d'un ancien royaume démembré originaire de la Troade, ou seulement d'un nom attribué par les envahisseurs, à mesure qu'ils les rencontraient sur leur chemin, aux vieilles populations qu'ils repoussaient ou absorbaient? Elles n'apparaissent pas sous cet aspect générique dans l'Iliade et l'Odyssée, qui semblent en faire des clans bien distincts; mais leur éparpillement dans des régions si éloignées les unes des autres empêche de voir le lien qui les unissait. La question n'a guère fait de progrès depuis l'antiquité. Il nous suffit de savoir qu'il s'agit d'un nom très ancien et que les cultes les plus primitifs leur sont rapportés : celui d'Apollon Smintheus, l'Apollon-souris, de Kyknos, l'homme-cygne et de Ténès, l'homme à la bipenne. Il paraîtra alors assez vraisemblable d'admettre que ces Pélasges étaient de vieilles populations locales déplacées par des envahisseurs, qui ont cherché refuge dans cette région hospitalière, protégées contre de nouvelles incursions par les chaînes de l'Ida et des pirates de la mer par les citadelles d'Assos et de Thèbe; elles seraient restées sujettes des maîtres de la Troade et, comme en Grèce propre, se seraient mêlées à eux par des mariages, dont le plus célèbre est celui d'Andromaque et d'Hector.

De l'examen de cette partie du catalogue nous pouvons tirer deux conclusions : l'une sur le caractère du texte, l'autre sur celui des populations qu'il énumère.

Sur le premier point, il n'est pas niable que les connaissances qu'Homère possède de la Troade sont bien positives. Son énumération suit l'ordre géographique naturel, sans grosses lacunes et sans interversions. Il place les populations dans les seuls parages où il pouvait s'en trouver, nomme les principaux fleuves et n'omet aucune région importante. D'autre part, si l'archéologie n'a pas encore déterminé, sauf pour Troie et Percote, que les villes mentionnées remontent bien à l'époque mycénienne, l'examen du texte révèle un fait important : la situation qu'il décrit n'est pas celle qui a suivi la grande colonisation grecque; les comptoirs et les villes côtières qu'elle a fondés : Cyme, Adramytte, Sigeion, Achilleion, Périnthe, Lampsaque, Cyzique, dont plusieurs remontent certainement au début du VIIIe siècle, ne sont pas nommés. Dardania, Zéleia, Adrastée, Percote sont des villes de l'intérieur, qui avaient disparu ou perdu toute valeur à cette époque. Cette partie du catalogue n'est donc ni une fantaisie poétique, ni une description contemporaine de la Grèce archaïque. Elle a toutes les apparences d'un document géographique exact et très ancien, qui appartient à l'époque troyenne ou à celle qui l'a immédiatement suivie.

Le peuple des Troyens

Cet examen nous a donné aussi quelques indications sur le peuple des Troyens. Il nous a montré que la Troade était occupée par un groupe de familles apparentées, dont les chefs régnaient sur une région bien délimitée et qui y avaient constitué, après avoir en partie refoulé au Sud et en partie absorbé les populations indigènes plus anciennes, une espèce de société féodale, dont les seigneurs se groupaient autour de la citadelle de Troie. Cette société n'est pas maritime : les îles n'en font pas partie, les petites villes côtières jouent un rôle tout à fait subordonné; alors que le catalogue des Grecs procède par vaisseaux, il n'en est jamais question à propos des Troyens. La masse de la population habite surtout l'intérieur, la plaine de Troie, la grande vallée de Dardania, celle de l'Aisépos et celle du Granique, comme l'ont fait plus tard les Ottomans et les Turcs, qui n'ont jamais été non plus un peuple de marins. Ce sont essentiellement des chasseurs, des pasteurs et des agriculteurs, groupés autour d'une place forte, qu'habitent des seigneurs et des guerriers.

Mais d'où venaient-ils, quelle était leur origine? De race on ne peut guère parler; l'anthropologie ne nous fournit encore aucune donnée sur les peuples de l'Asie antérieure; les quelques crânes préhelléniques trouvés par Schliemann à Troie (voir plus haut page 46), ceux qui ont été découverts à Assos[1] par les Américains et qui semblent bien postérieurs, ne peuvent nous offrir aucune indication. Il ne peut être question que de civilisations. D'après les uns, les Troyens auraient été des Grecs ou des Égéens; d'autres ont pensé que le centre de leur culture devait être cherché dans la Ptérie, en pays hittite[2]; on a mis en avant la fondation d'Ilion par les Assyriens[3]; un grand nombre d'auteurs sont d'avis que les héros troyens sont des thraco-phrygiens[4]; enfin on a estimé que cette civilisation doit être considérée comme indigène et autochthone[5].

Les Égéens me paraissent devoir être écartés; la civilisation troyenne est étrangère au beau développement artistique de la Crète minoenne; l'influence mycénienne ne s'est fait sentir à Troie que très tardivement et d'une façon assez secondaire (voir plus haut, page 56). La culture troyenne

1. J. T. Clarke, *Am. J. of Arch.*, 1885, p. 201 ; F. Sartiaux, *Les sculptures et la restauration du temple d'Assos en Troade*, p. 77.

2. W. Ramsay, *Historical commentary on the Epistle to the Galatians*, p. 19 et sq.

3. D'Arbois de Jubainville, *Les premiers habitants de l'Europe*, I, p. 276; mais il pense que les Dardaniens étaient des Phrygiens.

4. W. Leaf, Körte, Blind, Virchow, Curtius, Ad. Reinach, d'Arbois de Jubainville, etc.

5. Dussaud, *loc. cit.*, p. 138.

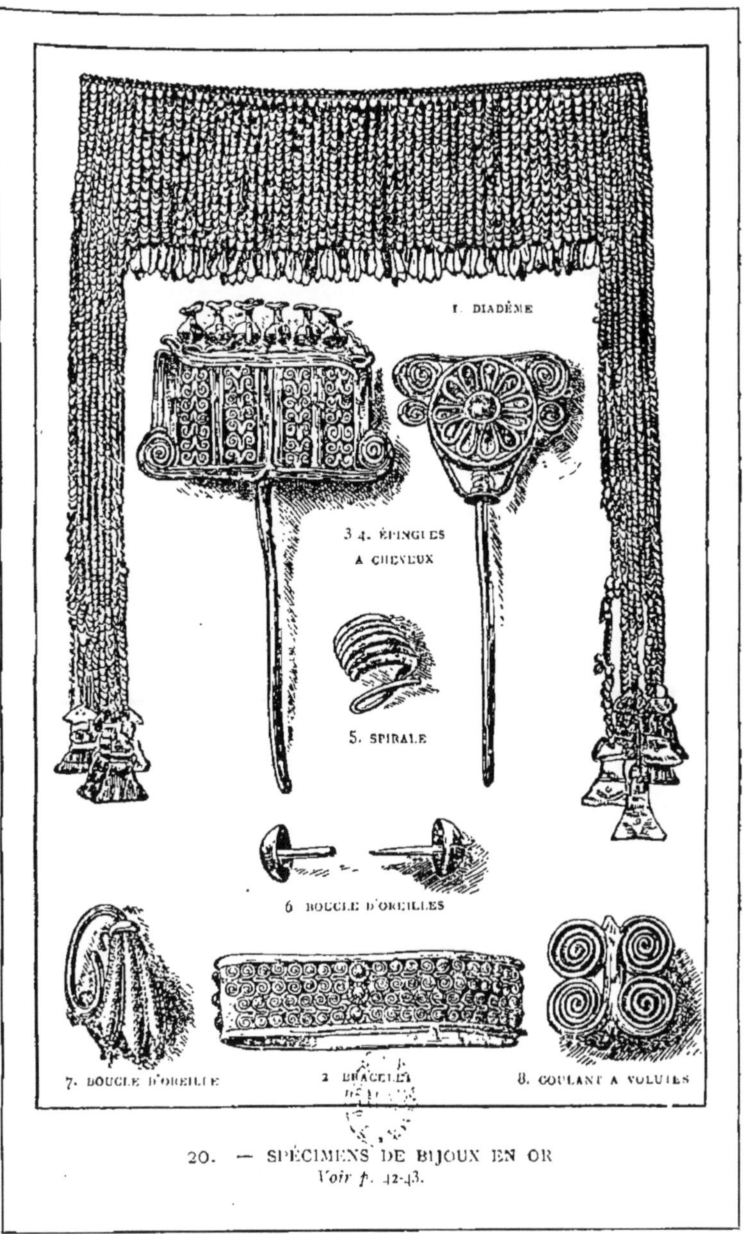

20. — SPÉCIMENS DE BIJOUX EN OR
Voir p. 42-43.

n'est pas moins étrangère aux civilisations chaldéo-babylonienne et assyrienne, dont elle ne révèle pas la moindre trace. Elle a pu être en contact avec les Hittites; mais l'ère d'influence de ce grand peuple s'étend plutôt vers la partie centrale de l'Asie Mineure, dans la région du Sipyle et à Smyrne, où certains de leurs monuments ont été découverts, alors qu'on n'en a encore trouvé aucun en Troade. Les relations troyennes me paraissent s'établir surtout avec les Thraco-phrygiens d'Europe.

On a constaté, en effet, « les analogies frappantes de ces vieilles bourgades des régions danubiennes et balkaniques avec les villages de la Troade et de la Phrygie.... Entre Butmir (en Bosnie, près de Sarajévo) et Hissarlik, les découvertes jalonnent les routes, qui mettaient sans doute déjà en communication les peuples préhelléniques et les tribus préceltiques[1]. » « Il est prouvé que la céramique à bandes troyennes n'a pas avec la même céramique européenne des rapports fortuits, mais que les deux groupes sont en connexion étroite et fondamentale[2] ». J'ai déjà indiqué (plus haut, pages 11-12) ces analogies, qui sont beaucoup plus nettes que celles qu'on peut être tenté de rechercher dans la mer Égée et en Orient.

1. Déchelette, *Arch. préhist.*, p. 362; voir aussi p. 518.
2. Götze, dans *Troja und Ilion*, I, p. 373.

D'autre part, Homère nous dit en propres termes qu'Hécube était une princesse phrygienne (XVI, 718-9), que son frère vivait en Phrygie sur les bords du Sangarios (*ibid.*, 717); Ascagne était de cette région; les Phrygiens sont, dans le catalogue, les alliés des Troyens et Priam raconte comment il leur a prêté son concours sur les rives du Sangarios pour repousser une invasion d'Amazones (Hittites). Les Teucriens ou Troyens semblent bien originaires de Thrace : Énée vient d'Ainos en Thrace; la mère de Priam s'appelle Strymô; Hécube est fille du roi de Thrace Kisseus, de Cissée en Chalcidique et elle avait son tombeau en Chersonèse de Trace; Dardanos était venu de Samothrace à Troie et les Dardaniens étaient connus en Macédoine comme en Troade[1]. Nous verrons plus loin que toute la Thrace et la Macédoine sont alliées des Troyens. Enfin, j'ai déjà signalé (plus haut, pages 12-13) la similitude qu'Homère établit entre les Troyens et leurs adversaires; il se pourrait évidemment que ce ne fût là qu'une conséquence du genre poétique. Mais Homère établit une distinction entre les peuples policés, dont font partie les Grecs et les Troyens,

1. Sur ces questions de noms de personnes et de lieux, les ouvrages fondamentaux sont : P. Kretschmer, *Einleitung in die Geschichte der griechischen Sprache*, 1898; A. Fick, *Vorgriechische Ortsnamen*, 1905 et *Hattiden und Danubier*, 1909.

et les peuples qui ignorent le droit et la civilisation : les Cyclopes « *sans lois, qui ne savent ni planter, ni labourer* », les barbares Lestrygons; il mentionne expressément que les Cariens ont un langage étrange et barbare[1], que les indigènes de Lemnos et les habitants de Témésa (en Italie) parlent une langue étrangère, que les alliés des Troyens ont des idiomes différents (II, 804). Ces distinctions ne sont pas absolument décisives, mais elles amènent à penser que, si les Troyens avaient été de véritables étrangers pour les Achéens, le poète n'eût pas complètement ignoré le fait et l'eût fait sentir.

Je suis donc très porté à croire qu'il existait en Troade un vieux fond de populations, qui ont pu, entre la IIe et la Ve ville, être plus ou moins sous la dépendance lointaine des Hittites et se trouver en relations avec les peuples de la mer et surtout avec les peuples danubiens. Ces populations ont dû être envahies, soumises, plus ou moins absorbées ou refoulées, entre le xve et le xiiie siècle, par des migrations thraco-phrygiennes, auxquelles appartenaient les familles de Dardanos et de Priam, rameau indo-européen, dont les Achéens, mêlés eux aussi aux indigènes de la Grèce préhellénique, ont été une autre branche. Les Phrygiens ont en même temps débordé la Troade au Nord-Est;

1. Βαρβαρόφωνοι, ἀγριόφωνοι, ἀλλόθροοι.

puis, peut-être sous la poussée des Achéens, ont gagné les hauts plateaux de l'Asie Mineure centrale, et, dans la région d'Afioun-Karahissar, où ils ont été en contact plus étroit avec la civilisation hittite, ont produit, à partir du IXe siècle, ce beau développement artistique, dont le tombeau de Midas, le monument d'Arslan-Kaya et les lions d'Ayaz Inn[1] sont restés les impressionnants témoignages. Ainsi s'expliqueraient à la fois l'ancienneté de ce peuple, affirmée par un grand nombre de textes, et la date relativement récente de ses monuments.

Troie, où les Thraco-phrygiens n'ont pas trouvé sur place, comme les Achéens, les Ioniens et les Doriens en Grèce, de grande civilisation antérieure, qui ne s'était laissé pénétrer ni par la culture égéenne, ni par les cultures hittite, chaldéo-babylonienne et assyrienne, est restée, dans cet angle Nord-Ouest de l'Asie Mineure, où aucun mouvement artistique ne s'est jamais développé, une citadelle puissante et riche assurément, mais qui n'a jamais été un centre de civilisation. A quoi tenaient donc cette puissance et cette richesse, dont témoignent les fouilles et les souvenirs des

1. Sur les monuments Phrygiens : W. M. Ramsay, *The rock necropoleis of Phrygia*, *Journ. of hel. studies*, 1882, p. 1-32; *A study of Phrygian art*, *ibid.*, 1888, p. 352 et sq. Perrot et Chipiez, *Histoire de l'art dans l'antiquité*, V, 1890, p. 39 et sq.; E. Brandeburg, *Phrygien*, 1907.

anciens? Quel rôle jouait Troie entre le monde asiatique et le monde méditerranéen?

Le rôle de Troie

Voyons bien comment se pose le problème. Nous sommes en présence d'une forteresse considérable pour l'époque, la plus considérable peut-être au point de vue défensif; car nulle part, dans le monde mycénien, des murailles, possédant une telle force de résistance, n'ont été jusqu'ici découvertes. Elle se trouve au bord d'une petite plaine, à 5 kilomètres du point le plus proche de la côte d'où l'on puisse y accéder. Elle possède un petit domaine sans conséquence. Autour des seigneurs qui résident dans ses murs se groupent des populations étroitement alliées par le sang, composées pour la plus grande part d'importants villageois, de chasseurs, de pasteurs, d'agriculteurs, habitant la montagne et les vallées, et sur les côtes, de petites bourgades, où vivent des pêcheurs et des commerçants maritimes.

La plaine de Troie n'est pas d'une richesse très enviable. Elle n'offre pas de produits naturels abondants. Elle est marécageuse et la malaria y règne à certaines époques. Elle ne possède, au bord de l'Hellespont « *au courant rapide* », aucun port naturel, ni, d'après le témoignage des textes et des lieux, de port artificiel, de jetée, de quai, de môle.

Elle n'a pas non plus de flotte, comme Mycènes ou Tyrinthe, qui étaient aussi dans la plaine, mais jouissaient d'une échelle abritée et confortable, au fond du golfe de Nauplie. Enfin elle ne se trouve sur le passage d'aucune route commerciale terrestre; les chemins fort accidentés qui y aboutissent du Nord-Est, de l'Est et du Sud, s'y arrêtent; c'est un cul-de-sac : Troie ne peut pas être, dans cet angle écarté de l'Asie Mineure, une place de commerce pour les échanges de l'intérieur. Elle n'est pas, à proprement parler, une grande ville; c'est essentiellement une citadelle.

D'autre part la défense de la Troade ne nous a pas paru exiger ou justifier la construction d'une telle forteresse. La richesse de la Troade est très relative; Troyens et Dardaniens habitent pour la plupart les montagnes; les chaînes et les vallées de l'Ida qu'ils occupent les défendent beaucoup plus efficacement contre la piraterie qu'une citadelle édifiée sur les bords du Scamandre et qui ne commande aucune de ces régions. Lorsque les vieilles populations de la vallée du Satnioeis ont voulu se protéger contre la piraterie maritime, elles ont juché sur une colline, du côté de la mer, une guette inaccessible, le fort Assos, dont le rôle protecteur est évident.

Comment expliquer, dans ces conditions, qu'on ait élevé là une forteresse de cette importance, qui s'est maintenue pendant plus de mille ans, qui, à en croire la tradition, regorgeait de richesses et où vivaient de grands seigneurs, comme Priam et sa nombreuse famille? D'où provenaient les revenus qu'elle avait dépensés pour sa construction et qu'exigeait son entretien? Une telle forteresse située à cet emplacement semble tout d'abord un véritable paradoxe. Aucune grande ville, nous l'avons vu, n'a reparu sur ce site; les comptoirs, les capitales et les places de commerce grecques de l'Asie ont été fondés ailleurs, sur les côtes : le long de l'Hellespont, où dix villes plus tard vont se coudoyer, sur l'Égée, à Phocée, à Éphèse, à Milet, sur la Propontide et sur l'Euxin.

Les confédérés hellènes ont organisé contre elle, à ce qu'il semble, une guerre très longue et très dure. Ce n'était assurément pas pour camper dans les marais du Scamandre. Cette guerre ne leur était pas non plus nécessaire pour occuper les côtes et les îles de la mer Égée, dont, comme nous le verrons[1], ils se sont d'ailleurs emparés à bien moindres frais. La possession même de la citadelle, ou plus exactement sa destruction, était l'objectif de la guerre; il faut qu'elle ait présenté un intérêt primordial. Le rôle que jouait la place forte est donc le nœud du problème de la guerre de Troie et c'est ce rôle qu'il faut expliquer.

V. Bérard, dans son beau livre des *Phéniciens et*

1. Plus bas, p. 211.

l'Odyssée, où il a montré quelles connaissances précises et positives l'auteur de l'Odyssée possédait de la Méditerranée, a indiqué le principe de l'explication. « Il est vraisemblable que le voisinage des « Dardanelles en fut le facteur principal. Comparés « aux plaines du Méandre, de l'Hermos ou du « Caystre, que sont les pauvres marécages du Sca- « mandre? Mais reconstituez par l'esprit les navi- « gations contemporaines : Ilion apparaît aussitôt « comme la Byzance de cette période préhelléni- « que[1] ». Ramsay a repris la même idée : « Elle « était au seuil d'un monde nouveau,... elle était « la sentinelle qui gardait l'accès de la mer Noire, « la clef du passage; elle devait être vaincue pour « que les Grecs puissent librement gonfler leurs « voiles vers l'Euxin et faire entrer ainsi leur his- « toire dans une ère nouvelle,... qui transforma « aussi profondément leur développement que la « découverte du monde transatlantique transforma « le monde ancien[2] ». Et Leaf l'a développée : « Une population qui n'a pas une grande puis- « sance de production, qui ne pratique pas la pira- « terie, ni le commerce, ne peut s'être développée « en ce point, qu'en levant un tribut sur l'industrie « des autres[3] ».

1. *Les Phéniciens et l'Odyssée*, 1902, I, p. 79.
2. *The geographical study of Homer*, dans *Classical Review*, XVIII, 1904, p. 166.
3. W. Leaf, *loc. cit.*, 1912, p. 257.

La comparaison avec Byzance appelle quelques réserves. Troie ne domine pas à proprement parler les Dardanelles, comme Byzance le Bosphore, et surtout il ne semble pas qu'elle ait été le centre d'une grande civilisation; la tradition n'en a pas conservé le souvenir, aucun des objets trouvés dans la IIe et la VIe ville ne témoignent d'inventions echniques, ni d'un développement artistique importants. Ces centres étaient alors ailleurs : en Crète, puis à Mycènes pour la Méditerranée, à Boghaz-Kieuï pour l'Asie antérieure, sur l'Euphrate pour l'Orient. En outre, si le point de départ de V. Bérard, si sa conception initiale me paraissent tout à fait justes, le développement qu'il en donne me semble difficile à défendre.

Il invoque, dans ce but, une loi, dont il a montré la grande importance pendant toute cette période dans la Méditerranée : *la loi des isthmes*. Le cabotage de la Méditerranée est dominé par deux facteurs essentiels : les vents et le grand développement des côtes et des promontoires. Les petits bateaux, impropres à de grandes traversées, suivent d'aussi près que possible ces côtes; mais les longs promontoires, que les vents rendent difficiles à tourner, leur barrent souvent le chemin et leur imposent de longs détours; les navigateurs s'en tiraient en traversant les isthmes à pied sec et en transbordant leurs marchandises et leurs barques à dos d'hommes ou de bêtes d'une rive à l'autre.

C'est, comme on le voit, le principe opposé à celui des *ferry-boats* modernes, où les véhicules terrestres et les trains sont transportés sur des bateaux.

Troie offrirait, pour V. Bérard, un exemple de cette loi. Afin d'éviter le cap Sigée, les anciens auraient débarqué à la petite baie de Bésica[1], au Sud-Ouest de la vallée du Scamandre et auraient gagné à pied sec la plaine qui aboutit à l'Hellespont, à l'embouchure du fleuve. Un tribut aurait été pris au passage par les Troyens, qui se seraient faits ainsi les commissionnaires des populations pratiquant les échanges entre l'Europe préhellénique et l'Asie.

Il y a à cette théorie des objections très sérieuses. L'idée qui consiste à se représenter les petits coteaux, bordant à l'Ouest la plaine du Scamandre, comme un isthme, est très artificielle. Puis on ne voit pas bien ce que les navigateurs avaient à gagner aux transports par voie terrestre de la baie de Bésica à l'embouchure du Scamandre. En se plaçant au point de vue même de V. Bérard, les voiliers qui viennent de la Grèce et des îles du côté de l'Ouest ne passent pas à Ténédos, mais le long de la côte d'Imbros; de là, la large entrée des Dardanelles n'est pas très difficile avec les vents du Nord-Ouest et du Nord. Les difficultés ne commencent vraiment qu'après le passage du cap Sigée, où ils ont à la fois à lutter contre le vent et contre

1. Voir carte II à la fin du volume.

les courants. On conçoit mal, d'autre part, que la navigation, arrivée à proximité de cette entrée, se soit imposé un détour de vingt kilomètres vers le Sud, pour remonter ensuite par terre, avec tous les impedimenta qu'entraînent deux transbordements et un transport pénible par voie de terre.

Pour les voiliers qui viennent du Sud le long de la côte de la Troade, le premier obstacle est d'abord le doublement du cap Lecton, puis le passage entre Ténédos et la côte, où le courant est fort et où le vent du Nord crée pour la navigation un empêchement sérieux. Le petit port de Ténédos est une escale tout indiquée; une fois ce passage franchi, le plus difficile est fait et l'entrée des Dardanelles se présente comme pour les bateaux venant de l'Ouest. La baie de Bésica a pu être une autre escale; je ne crois pas qu'elle ait été un port de transbordement.

Leaf a supposé[1] que, pour éviter le doublement du cap Lecton, les marchandises étaient débarquées à Assos et venaient en caravanes, le long de la vallée du Satnioeis par la plaine halésienne ou par Aivajik, puis à travers le Bali-Dagh, jusqu'à la plaine de Troie et que la loi des isthmes rendrait compte de l'importance de cette place forte. Cette hypothèse ne me paraît pas plus acceptable. Pour qui connaît Assos et les collines abruptes

1. *Loc. cit.*, p. 211-212.

séparant la vallée du Satnioeis du rivage du golfe d'Adramytte, cette assertion semble assez paradoxale. Il n'existe nulle part à proximité d'Assos de vallon transversal; qui veut, de la côte, atteindre les rives du Tuzla-Tchaï, doit escalader une bande de collines trachytiques, de cent à deux cents mètres d'altitude, par des sentiers de chèvres, où aucun courant de transport ne peut passer[1]. Le rôle d'Assos, où des môles artificiels très anciens ont été découverts[2], était de servir d'escale et de refuge aux voiliers en provenance du Sud, qui y attendaient le moment propice pour doubler le cap Lecton et pour remonter vers le Nord, soit directement, soit après une nouvelle escale sur la côte de Lesbos, à Méthymna, d'où l'on accède aujourd'hui le plus facilement, par caïque, à l'échelle d'Assos. Elle servait aussi, comme nous l'avons vu, à défendre la vallée du Satnioeis contre la piraterie.

Si l'on veut à toutes forces imaginer une voie terrestre, c'est d'Adramytte qu'il faut partir pour gagner le Satnioeis par Evjilar et l'ancienne Gargara; il faut deux étapes (15 heures environ), puis de là au moins autant pour atteindre l'Hellespont, par des chemins difficiles. Mais je doute que le

1. Voir F. Sartiaux, *Les sculptures et la restauration du temple d'Assos en Troade*, photographie 1 : vue générale d'Assos.

2. Voir J. T. Clarke, *Report on the investigations at Assos*, 1881, Boston, 1882, p. 131 et pl. 36.

commerce se soit imposé ce transport, qui eût exigé une main-d'œuvre assez considérable et obligé la navigation au long détour du golfe d'Adramytte (près de 50 kilomètres). Assos jouait sur ce golfe le même rôle que Phocée à l'égard du golfe de Smyrne, que devaient éviter les bateaux venant de Milet et d'Éphèse. Phocée, Mytilène, Aivalik, Assos, Méthymna, Ténédos étaient sans doute les escales de la navigation côtière, comme elles le sont encore aujourd'hui.

Je ne crois donc pas qu'il existât une ligne de transport terrestre par Assos ou par la baie de Bésica et que ce fût en prélevant un tribut pour le passage au long du Scamandre que les Troyens ont acquis leur richesse et leur puissance si enviées. La raison de leur fortune était dans le fait qu'ils commandaient les Dardanelles à l'entrée du détroit, et qu'ils pouvaient s'opposer à l'arrêt que devait faire la navigation, avant de s'y engager plus avant vers les parages lointains de la Propontide et de l'Euxin, moins familiers aux marins grecs que les côtes de l'Égée. C'est ainsi que la question du rôle de Troie se rattache à celle de la liberté des détroits.

Le passage de l'Hellespont est, en effet, entre les mains de ceux qui tiennent les côtes. C'est bien le cas aujourd'hui. Il en était de même autrefois, quoique d'une façon différente. Ce n'étaient pas les canons, les forts et les mines, qui s'opposaient à la libre navigation, mais les vents, les courants et la nécessité de se ravitailler, surtout en eau.

Les vents et les courants créent pour les petits voiliers un obstacle considérable, dès qu'ils ont doublé le cap Sigée et leur imposent un arrêt nécessaire, qui peut durer des jours et des semaines jusqu'à ce qu'ils soient devenus favorables. La côte opposée, la côte d'Europe, où les falaises sont abruptes, n'offre aucun refuge; la baie de Morto et celle qui se trouve un peu plus à l'Ouest entre le cap Hellé et le Château de Siddil-Bahr, sont obstruées par des bancs de sable et constituent de très mauvais ancrages, sans eau et sans ressources[1]; c'est l'inverse de ce qui se passe au Bosphore, où la côte d'Europe est la plus hospitalière. Au delà, les courants ne font que redoubler de force et d'inconstance; ils atteignent jusqu'à cinq milles[2] au coude difficile de Nagara et au passage entre Abydos et Sestos. Les vents du Nord et du Nord-Est, les vents Étésiens (le *meltem* des Turcs) dominent pendant neuf mois de l'année; en hiver ils sont accompagnés de brouillards et de neige, en été ils sont constants. De Koum-Kaleh, les petits voiliers ne peuvent atteindre Gallipoli et la mer de Marmara que par courtes étapes[3].

1. *The Mediterranean Pilot*, IV, p. 118.
2. C'est un des caractères essentiels de l'Hellespont dans Homère : l'Hellespont « *au courant rapide* ».
3. *Instructions nautiques*, n° 778, p. 468.

D'autre part, ces petits navires ne pouvaient porter que de très faibles quantités d'eau douce. Ils ne possédaient pas de grands réservoirs étanches et ne pouvaient transporter l'eau que dans de petites jarres, comme le font aujourd'hui les patrons des caïques et les populations côtières. Une fois le Scamandre passé, on ne rencontre plus de fleuve, où l'on soit sûr de trouver de l'eau, avant le Granique et l'Aisépos, qui débouchent beaucoup plus haut, bien après le coude de Nagara.

L'embouchure du Scamandre paraît donc avoir été le point de repos, le refuge nécessaire pour les marins accoutumés à la navigation égéenne, à qui les incertitudes de l'Hellespont et de la Propontide devaient inspirer de justes appréhensions. Les Troyens qui possédaient, comme nous l'avons vu, toute la côte et ses petites escales, réparties depuis le Scamandre jusqu'à l'Aisépos, peut-être même jusqu'à Cyzique sur la Propontide (par leurs alliés les Phrygiens), pouvaient s'opposer à toute navigation, arrêter tout commerce et prélever au passage de lourds tributs. Voilà certainement le secret de leur puissance et le vrai motif qu'avaient les Grecs de vouloir l'abattre.

Mais, avant de pousser plus loin cette explication, il y a plusieurs questions préalables qu'il importe de résoudre. Le commerce existait-il à l'époque? Quelles étaient ses provenances et ses destinations? Quelle était son importance? C'est ce que l'Iliade et spécialement le catalogue des alliés des Troyens qui fait suite au démembrement des populations de la Troade, éclairé par les plus récentes découvertes, permet de voir assez nettement. Il nous donne en même temps des indications précieuses sur la portée du conflit et sur son extension dans le monde oriental et méditerranéen.

21. — SPÉCIMENS DE VASES

Voir p. 44-45, 54-55.

CHAPITRE III

LES CONFEDÉRÉS HELLÈNES
LES ALLIÉS DES TROYENS
LES CAUSES DE LA GUERRE

La première question est celle de l'existence des navires et de leur type. Je n'en dirai qu'un mot. Avant les découvertes égéennes, on rapprochait les navires homériques de ceux des marines phénico-assyrienne et égyptienne; ces découvertes (les navires tracés sur des vases trouvés à Syra, sur le disque de Phæstos en Crète, sur des fragments de céramique de Phylacopi dans l'île de Milo, sur des gemmes crétoises et mycéniennes) ont montré que les navires égéens étaient d'un type différent, et différent également de ceux des marines postérieures de l'époque dorienne (d'après les vases géométriques du Dipylon). Ce type répond tout à fait au navire d'Homère : au lieu de la poupe en pointe des navires doriens (armés pour la guerre plus que pour le commerce), il a une poupe recourbée et élevée; c'est un « *vaisseau creux* », à cale ouverte, non ponté, où les marchandises sont entassées; à l'avant et à l'arrière sont disposés des sortes de châteaux (ἴκρια, homériques) qui servent de vigie et d'abri pour l'équipage[1].

Que la navigation fût développée à l'époque, nous en avons la preuve à la fois dans les textes grecs et égyptiens (Homère, Thucydide, I, 4 par exemple; lettres de Tell-El-Amarna) et dans les trouvailles d'objets égéens depuis les colonnes d'Hercule jusqu'à la mer Noire. Les courants de transport sont plus difficiles à déterminer *a priori*; nous savons que l'ambre venait de la Baltique dans la Méditerranée, par le Danube, les fleuves de Russie et la mer Noire[2]; mais les questions de l'étain, du cuivre, de l'or et de l'argent sont beaucoup plus complexes. L'archipel fournit des produits agricoles : l'huile, le vin, les provisions de bouche et des fruits; la Grèce quelques métaux, mais pas de cuivre, des peaux, des bœufs et des troupeaux; les tissus et manufactures, la pourpre, les esclaves, paraissent devoir venir surtout de Sidon et de l'Égypte; la Propontide et l'Euxin, avec l'ambre,

1. Sur la navigation et les vaisseaux homériques voir : W. Helbig, *L'épopée homérique expliquée par les monuments*, Paris, 1894, p. 199 et sq.; A. Jal, *Archéol. Nav.*, I, p. 50 et sq.; V. Bérard, *loc. cit.*, I, p. 155-189. Court mais bon résumé dans Dussaud, *loc. cit.*, 2e édit., 1914, p. 414 et sq.

2. Les routes de l'Atlantique, du Rhin et du Rhône paraissent avoir été secondaires (Déchelette, *Arch. préhist.*, p. 626-7).

devaient fournir des bois, du fer, l'or et l'argent lointains[1]. Mais le catalogue des alliés des Troyens nous donnera là-dessus quelques précisions.

Les confédérés hellènes

Les 285 vers qui dénombrent la confédération hellène (II, 494-779) sont surtout importants par l'image qu'ils nous donnent de la Grèce préhellénique. Leur valeur historique et documentaire et leur ancienneté ont souvent été contestées, parce qu'on les a étudiés d'un point de vue strictement littéraire, alors que le rapprochement avec la géographie et surtout l'archéologie des vingt-cinq dernières années en démontre l'exactitude et la très haute antiquité. C'est à ce titre que je résume les renseignements qu'ils nous donnent.

Ils répartissent les Grecs en cinq groupes et vingt-neuf contingents[2], dont voici le sommaire :

I. — (1) Béotiens, 50 vaisseaux; (2) Myniens d'Orchomène, 30 vaisseaux; (3) Phocidiens de la région du Parnasse, 40 vaisseaux; (4) Locriens, à l'Ouest des précédents, 40 vaisseaux; (5) Eubéens, 40 vaisseaux; (6) Athéniens, 50 vaisseaux; (7) Sa-

1. Voir nombreux détails dans V. Bérard, *loc. cit.*, I, p. 368-460. Sur la question des métaux, voir Déchelette, *L'âge de bronze*, p. 345 et sq.

2. Voir carte IV à la fin du volume.

laminiens (Ajax), 12 vaisseaux. Ce sont les peuples de la Grèce continentale du centre : en tout 262 vaisseaux.

II. — (8) Argos et Tyrinthe (Diomède), 80 vaisseaux; (9) Mycènes et Corinthe (Agamemnon), 100 vaisseaux; (10) Lacédémone, 60 vaisseaux; (11) Pylos et la vallée de l'Alphée (Nestor), 90 vaisseaux; (12) Arcadie, 60 vaisseaux; (13) Élide, 40 vaisseaux. C'est le groupe du Péloponèse, de beaucoup le plus important : 430 vaisseaux.

III. — (14) Dulichium, l'une des îles ioniennes, et les Échinæ semées le long de la côte de l'Acarnanie, 40 vaisseaux; (15) Ithaque (Ulysse), 12 vaisseaux; (16) l'Étolie, 40 vaisseaux. Après la Grèce propre, ce sont les îles ioniennes, auxquelles est rattachée l'Étolie, groupe le plus faible en nombre : 92 vaisseaux.

IV. — (17) La Crète (Idoménée), 80 vaisseaux; (18) Rhodes, 9 vaisseaux; (19) Syme, 3 vaisseaux; (20) Nisyros, Crapathos, Casos, Cos et Calydnæ, 30 vaisseaux. Ce sont les Sporades, peu importantes aussi par leurs effectifs : 122 vaisseaux.

V. — (21) Argos pélasgique (Achille), 50 vaisseaux; (22) Itône (Protésilaos), 40 vaisseaux; (23) Pheræ, 11 vaisseaux; (24) Méthone (Philoctète),

7 vaisseaux; (25) Tricca et Œchalie, 30 vaisseaux; (26) Orménion, 40 vaisseaux; (27) Argissa, Oloossone, le point le plus éloigné au Nord-Est, 40 vaisseaux, (28) Cyphos et Dodone, à la limite septentrionale, 22 vaisseaux; enfin (29) les Magnètes du Pénée et du Pélion, 40 vaisseaux. Ce groupe, le second par l'importance du contingent, vient de la Grèce du Nord, de la Thessalie : 280 vaisseaux [1].

Ce qui frappe d'abord, dans cette énumération et dans les détails dont les noms des villes et des chefs sont suivis, c'est l'importance du Péloponèse. La suprématie en appartient à Agamemnon, le chef suprême, le généralissime de toute l'expédition; son royaume propre comprend : Corinthe, Sicyone, toute l'ancienne Achaïe jusqu'à l'Élide, une partie de la côte méridionale, qui relèvera plus tard de Messène, et « de nombreuses îles ». La seconde puissance est celle du royaume de Pylos, qui s'étend depuis l'Alphée au Nord jusqu'à la moitié septentrionale de la Messénie au Sud. La troisième est celle d'Argos, à qui appartiennent Troezène, Épidaure et Égine. Sparte, l'Arcadie, l'Élide sont des puissances secondaires.

Cette situation politique, ces divisions du terri-

1. On trouvera une étude détaillée et approfondie du catalogue des Hellènes dans T. W. Allen, *The Homeric catalogue*, *Journal of Hellenic Studies*, XXX, I, 1910. Voir aussi du même auteur Μυρμιδόνων πόλις, dans *The Classical review*, XX, 1906, p. 193-201.

toire et leur importance relative ne se retrouvent à aucune époque de l'histoire, elles sont étrangères à la géographie politique de la Grèce archaïque. Est-ce une géographie et une histoire de fantaisie? Quelle raison aurait eue le poète, s'il écrivait au VIIIe siècle, de glorifier des États qui n'existaient plus et qu'il n'avait aucun intérêt à flatter? Mais l'archéologie a démontré que ce n'était pas une fiction. C'est précisément à Mycènes, à Tyrinthe, à Argos et à Pylos que les ruines mycéniennes les plus importantes ont été mises à jour. Mieux encore : non seulement cette géographie du Péloponèse n'était pas celle de la Grèce postérieure, mais l'emplacement de Pylos, la Pylos du sage Nestor, s'était effacé de la mémoire des anciens; il a fallu les déductions ingénieuses de V. Bérard[1], fondées sur l'étude des textes homériques, et les recherches archéologiques de Dörpfeld[2], pour la rendre, après 3000 ans, à l'histoire.

L'étude de la Thessalie préhellénique n'est pas moins curieuse. On n'en savait à peu près rien de positif à l'époque historique; alors qu'elle forme dans l'Iliade le groupe le plus puissant après celui du Péloponèse, elle ne joue presque aucun rôle dans la Grèce archaïque et classique. Or les

1. V. Bérard, *loc. cit.*, I, 61 et sq.; 87 et sq.; 100, 106, 121-122, 132-134, 145.

2. W. Dörpfeld, *Athen. Mitteil.*, 1907, VI-XVI; 1908, p. 295 et sq. et 320 et sq.; 1913, p. 97 et sq.

fouilles récentes ont précisément montré : 1° que la civilisation mycénienne s'y est étendue sur une ère assez vaste; 2° que cette civilisation y a coexisté avec une culture beaucoup plus ancienne et barbare, opposition qui correspond à la distinction du catalogue entre les « *Phères velus* », les primitifs centaures, et les chefs achéens de la région (II, 741-744); 3° que, si l'on est encore loin de pouvoir y identifier tous les sites homériques, la distribution en correspond, dans l'ensemble, à celle d'Homère; la ligne qui sépare la région la plus avancée de la confédération achéenne au Nord, Oloossone et son domaine (Élassona, aux pieds de l'Olympe), du territoire le plus occidental des alliés troyens, les Paioniens (dont il sera question plus loin, page 173), est une ligne de démarcation à la fois dans l'épopée et dans l'archéologie : alors que, dans le poème, la Thessalie est hellène et que la Macédoine et la Thrace relèvent des Troyens, la zone de contact constitue précisément, d'après les dernières recherches, la frontière entre la culture thrace et la culture thessalienne[1].

Le groupe de la Grèce centrale répond mieux à l'état de choses postérieur. Mais Athènes n'y a encore aucune prééminence; ses contingents sont équivalents à ceux des Béotiens, Phocidiens, Locriens et Eubéens, son chef Ménesthée est

1. A. J. B. Wace et M. S. Thompson, *Prehistoric Thessaly*, Cambridge, 1912, p. 253 et 254.

obscur, c'est un personnage aussi secondaire dans l'épopée que dans la tradition. Il n'est fait allusion ni aux douze villes dont Thésée opéra la réunion, ni à aucune des légendes ioniennes; comme les Doriens, les Ioniens sont à peu près inconnus d'Homère[1], en Attique, dans le Péloponèse et en Asie. Des villes et des régions familières à la géographie la plus ancienne : Messène, l'Acarnanie, la Locride occidentale, Mégare, Phlius, Larissa, Pharsale, ne sont pas nommées, les Cyclades ne jouent aucun rôle.

Il est clair (et il est surprenant qu'on l'ait méconnu) que le catalogue grec décrit une situation qui a existé à une époque très reculée et qui est antérieure aux époques ionienne et dorienne. On peut donc conclure certainement, avec Allen[2], que c'est un document historique, qui donne une image exacte de la Grèce, vers l'époque où la guerre fut déclarée contre Troie, et qu'il remonte, au delà de l'époque archaïque, à l'âge achéen[3].

1. Voir plus haut, p. 69 et note.
2. *Loc. cit.*, p. 318.
3. Les objections qu'on a faites contre l'historicité et l'antiquité de ce texte ne me paraissent pas très solides (Croiset, *Histoire de la littérature grecque*, I, p. 123, note 1 par exemple): ce document n'est pas à sa place dans l'Iliade (?); les Grecs des îles de la côte asiatique ne sont pas nommés (c'est précisément un indice d'ancienneté); certains chefs ou peuples mentionnés dans le catalogue ne reparaissent pas ensuite (sur 43 généraux 35 réapparaissent, n'est-ce pas suffisant?); l'éloge décerné aux Athéniens est excessif (ils n'ont que 50 vaisseaux et ont un rôle effacé); l'auteur énumère des vais-

Cette société achéenne est une société féodale, où Agamemnon n'a pas le pouvoir absolu, mais seulement le prestige politique; il n'est pas un autocrate, dont les ordres ne se discutent pas : c'est le premier des seigneurs, le *primus inter pares*; les princes qui l'entourent ne tiennent de lui ni leur pouvoir, ni leurs domaines; ils forment, avec les anciens, qui se groupent autour d'eux, un conseil, où le grand roi n'a qu'une voix délibérative et où souvent il doit s'incliner devant la majorité ; on en appelle à l'assemblée de tous les guerriers pour les décisions les plus graves. Il n'y a rien qui ressemble à la situation politique postérieure, à l'oligarchie despotique et autoritaire des *tyrans*, qui ont usurpé le pouvoir dans la Grèce des VIIIe et VIIe siècles. C'est une confédération entre tous les groupes de la féodalité hellénique, que, pour la première fois dans l'histoire, un sentiment collectif et une cause commune a rapprochés et unis pour une vaste entreprise.

L'importance de cette entreprise ne ressort pas moins de la puissance, du nombre et de l'éloignement des alliés que les Troyens ont appelés à leur aide et qui étaient assez intéressés au maintien de la citadelle pour quitter leurs distants rivages et lui fournir des défenseurs.

seaux alors qu'il n'y a pas de bataille navale et commence par les Béotiens; Ajax est à peine mentionné alors qu'il joue un grand rôle....

Les Alliés des Troyens

Le catalogue range ces alliés en quatre groupes[1] :

1° Il parle d'abord d'un groupe européen : Thraces, Kikones et Paioniens, qui viennent de la Thrace et de la Macédoine. Puis il suit les côtes de l'Asie Mineure depuis le pont Euxin jusqu'à la Lycie en face de Rhodes et de Chypre et énumère :

2° Les Halizones, les Paphlagoniens, riverains de la mer Noire;

3° Les Mysiens et les Phrygiens, qui s'intercalent entre les Paphlagoniens et les populations de la Troade, dont ils sont les voisins sur la mer de Marmara;

4° Enfin les populations du centre et du Sud des côtes de l'Asie Mineure, les Méoniens, les Cariens et les Lyciens.

L'ordre est tout à fait logique et géographique.

N'est-il pas étrange de voir affluer ainsi autour de la petite citadelle de Troie un nombre aussi considérable de peuples, qui embrassent presque tout le monde oriental connu à l'époque grecque, jusqu'à douze cents kilomètres à l'Est et six cents au Sud, à vol d'oiseau, et de trouver ainsi en opposition, pour la première fois dans l'histoire, le monde

1. Voir carte IV à la fin du volume.

de la Grèce avec la plus grande partie de l'Orient? Et de quelles régions s'agit-il? Des peuples dont le territoire s'ouvre de toutes parts sur la mer, et dont les échanges s'effectuent nécessairement par la voie des Dardanelles.

Mais il faut examiner les détails qu'Homère nous donne pour chacun dans la dernière partie du catalogue[1].

I. Groupe européen. — « *Acamas et Peiroos* « *conduisent les Thraces, tous ceux que renferme* « *l'Hellespont au courant rapide. Euphémos, le fils* « *de Troezène, aimé de Zeus, qui descend de Kéas,* « *conduisait les guerriers kikones; Pyraichmès* « *était le chef des Paioniens à l'arc recourbé, qui* « *viennent de la lointaine Amydon et de l'Axios au* « *large cours, dont l'eau est la plus belle de la* « *terre* » (844-850).

On s'attendrait à voir ce groupe du côté des Grecs. Mais la distinction entre l'Asie et l'Europe est postérieure, elle ne remonte pas beaucoup au delà des guerres médiques; la Macédoine et la Thrace n'entrent pas, à proprement parler, dans l'histoire grecque avant le ɪvᵉ siècle. A l'époque préhellénique et jusqu'au vɪɪɪᵉ siècle, le mouvement

1. Je suis presque constamment Leaf dans l'excellent commentaire qu'il a fait de cette partie du catalogue, p. 253-322 de l'ouvrage cité plusieurs fois. Voir carte IV à la fin du volume, établie d'après celle de Leaf.

des peuples va de Macédoine et de Thrace vers l'Asie. Nous avons vu (plus haut, p. 167) que l'archéologie a révélé une limite entre la culture thessalienne et la culture voisine de Thrace. Les longs promontoires de la Chalcidique et les côtes inhospitalières de la Macédoine étaient d'ailleurs un obstacle aux relations commerciales entre la Thrace et la péninsule hellénique, alors que l'Hellespont et le Bosphore, loin de séparer, unissaient les deux rivages dans le monde de la petite navigation côtière.

Nous savons par un autre passage de l'Iliade (IV-520) que Peiroos, le chef des Thraces, venait d'Enos, dont nous avons entendu parler à maintes reprises dans la guerre turco-bulgare de 1913. C'est l'échelle d'Andrinople, à l'embouchure de l'Hèbre, qui n'est autre que la moderne Maritza. Enos est de nos jours un port relativement important, où s'embarquent les produits de la grande et fertile vallée qui y aboutit. On y fait aujourd'hui le commerce du blé, de la laine, des crins de chameaux, du coton, du cuir, du safran, de la soie, de la cire et du cuivre. Homère nous dit que de la Thrace venaient les grandes épées en bronze (XIII, 177), les belles coupes de métal (XXIV, 234), les armures en or et les harnachements (X, 438-439); la Thrace était la mère des troupeaux de brebis (XI, 222); ses chevaux blancs étaient célèbres (X, 436); les Thraces étaient déjà réputés, à cette époque et dans la suite, comme de grands cavaliers (XIV, 227). Le fils du troyen Anténor, Iphidamas, avait été élevé en Chalcidique, à Cissée, où il avait épousé une princesse thrace, Théano aux belles joues; « *au* « *bruit de l'expédition des Achéens, il partit avec* « *douze vaisseaux recourbés, les laissa à Percote* « (notez qu'il ne songe pas à transborder à la baie « de Bésica) *et se rendit par terre à Ilion* ». (XI, 221-230).

Les Kikones habitaient au delà de la Maritza, de Dédéagatch jusque vers Cavala. Homère cite un autre de leurs héros : Mentès (XVII, 73). Nous savons par l'Odyssée que le vin de la région, le vin d'Ismare ou de Maronée, était célèbre (*Od.*, IX, 39 et sq.). C'est avec lui qu'Ulysse enivre le Cyclope avant de le tuer. L'opulent Priam devait en remplir ses belles caves.

Les Paioniens occupaient la région de la Chalcidique et les côtes de la Méditerranée, à l'Ouest de Cavala. Leur capitale, Amydon, devait être située non loin de Salonique, sur l'Axios, aujourd'hui le Vardar, qui constitue l'une des grandes routes suivies par les peuples des Balkans, lorsqu'ils descendirent vers la terre promise du Sud. Ils possédaient les mines d'or et d'argent du Pangée, qui étaient sans doute la principale source de leur richesse, et la vallée du Vardar leur était ouverte pour l'exportation des céréales.

La Piérie, patrie des Muses et du Dionysos

thrace, la « *riante Hémathie* » et le mont Athos (indiqués sur la carte IV à la fin du volume) sont cités au chant XIV (226, 229). C'est par là qu'Héra, quittant les hauteurs de l'Olympe, arrive à Lemnos et à Troie. C'est le chemin suivi par les Argonautes à la recherche de l'or de Colchide. Nous sommes aux confins de la Macédoine et de la Thrace, à la frontière qui sépare les Hellènes des confédérés troyens et dont j'ai parlé plus haut (p. 167, 172).

Il n'est pas question d'îles, quoique Samothrace et Lemnos (aux trois quarts achéenne et amie des Hellènes) soient bien connues du poète. Les produits devaient venir en Orient par les plaines de Macédoine et de Thrace, jusqu'à l'Hellespont. Le chemin suivi par Iphidamas est exceptionnel.

II. Groupe de la mer Noire. — Le deuxième groupe est de beaucoup le plus important et le plus intéressant des quatre; c'est le plus lointain, celui qui exerçait le plus de fascination sur l'imagination des Grecs, comme en témoigne la fameuse légende des Argonautes.

« *Pyléménès au cœur indomptable conduisait les* « *Paphlagones d'Énète d'où vient la race des* « *mules sauvages; ils possèdent Kytoros et habi-* « *tent Sésamos autour du fleuve Parthénios et* « *Kromna, et Aigialos et la haute Érythini. Odios* « *et Épistrophos conduisaient les Halizones de la*

« *lointaine Alybé où est l'origine de l'argent* » (851-857).

Le texte est bourré de renseignements. Homère vise évidemment aux détails : peuples, villes, rivière, montagne, produits, rien n'est omis. C'est qu'il s'agit du commerce du Pont-Euxin, ce commerce dont Troie commande l'accès dans la mer Égée, celui que sans doute la guerre de Troie avait pour objet essentiel de sauvegarder.

Les deux peuples mentionnés, les Paphlagones et les Halizones devaient être séparés par l'Halys; ce sont certainement les Paphlagoniens et les Syro-Cappadociens d'Hérodote (I, 72). Les Syro-Cappadociens ou Leuko-Syriens (Syriens blancs) de l'antiquité sont des Hittites, c'est un fait qui paraît bien établi maintenant. Les Paphlagones d'Homère étaient sans doute de même origine ou mêlés à des Phrygiens envahisseurs. Alybé semble être un nom hittite : *Khaly-wa*, « *le pays de l'Halys* » et les Halizones : les *Khalitu* d'une inscription cunéiforme, d'après Sayce[1]. En grec, « Halizone » veut dire « entouré par la mer », Odios signifie « le voyageur » et « Épistrophos » « le commerçant », noms bien significatifs.

La terminaison du mot Halizone évoque celle d'Amazones, ces femmes guerrières, dont on pense avoir reconnu l'image sur les sculptures de la porte

1. Cité par Allen, *loc. cit.*, et par Leaf, *loc. cit.*, p. 292.

du deuxième palais de Boghaz-Kieuï[1], et qui, d'après un fragment de Pindare[2], guidaient au combat les phalanges « syriennes ». Nous savons que, vers 1200, les Hittites ont subi une invasion de *Moschi*, proches parents des Phrygiens, peut-être même identiques à eux[3], qui, en 1170, traversèrent l'Asie Mineure et, atteignant les frontières de l'Assyrie près de Carchemish, y furent battues en 1120 par Tiglatphalasar[4].

Or, nous avons vu plus haut (p. 146) qu'une génération environ avant la guerre de Troie, Priam assistait les Phrygiens contre les Amazones. Ne serait-ce pas dans cette invasion des Moschi du début du XIIe siècle? En retour, ils seraient venus à son aide dans la guerre de Troie; mais cette fois, par suite de changements dans la situation politique, les Hittites se sont rangés du même côté. Trois générations auparavant, en 1270, les Iliens et les Dardaniens (*Iliouna* et *Dardania*) avec les gens de Pédasos (*Pidasa*) avaient bien aidé le roi Hittite Hattousil contre Rhamsès II

1. J. Garstang, *The land of the Hittites*, Londres, 1910, p. 372. Sur ce sujet voir le travail très complet de W. Leonhard, *Hettiter und Amazonen*, Leipzig, 1911.

2. Strabon, XII, 3, 9.

3. Garstang, *loc. cit.*, p. 53 et p. 368. Il y a un *Mita* des Moschi, qu'on rapproche du roi Midas de Phrygie.

4. Maspero, *Histoire ancienne des peuples de l'Orient classique, Les premières mêlées des peuples*, Paris, 1897, p. 642 et sq.

d'Égypte[1]. Ces changements dans les alliances, lors des grands mouvements de peuples, n'ont rien d'invraisemblable. La lutte de Bellérophon contre les Amazones (*Il.*, VI, 186 et sq.) se rapporte sans doute à une époque plus reculée, qui, à l'époque où l'Iliade fut composée, était devenue légendaire.

La plupart des noms de lieux ont été identifiés. J'ai parlé d'Alybé. Kytoros et sa montagne, Sésamos et Kromna sont historiques et cités par Strabon, qui parle aussi d'Aigialos et d'Érythini; toutes ces villes sont situées sur la portion de la côte du Pont-Euxin qui se dirige vers le Nord-Est, à partir de l'ancienne Héraclée jusqu'au cap Karambis. Le Parthénios, dont le nom s'est conservé jusqu'à nos jours dans la localité de Barthéni, formait, à l'époque antique, la limite entre la Paphlagonie et la Bithynie. « Énète » soulève seule quelques difficultés. Faut-il lire d' « Énète », ou « du « pays des Énètes »? La première interprétation s'accorde mieux avec le texte. Leaf a pensé qu'il s'agissait de l'ancienne Héraclée, le plus beau port de la côte, le point de départ et d'aboutissement tout indiqué pour de grands mouvements commerciaux maritimes. De Sinope, il n'est pas question. Le fait est à noter; c'était une colonie ionienne de Milet très illustre, dont la fondation remonte au VIIIe siècle; il y a là un nouvel indice

1. Maspero, *loc. cit.*, p. 389 et sq.

que notre document n'est pas ionien et qu'il est antérieur à cette époque ; je reviendrai sur ce point.

Parmi les produits, Homère, dans le catalogue, cite les mules sauvages et l'argent.

Les mules sauvages sont les onagres, ânes sauvages, venus de Syrie en Cappadoce, où, d'après Strabon, ils étaient très nombreux. Les mules jouent un grand rôle dans l'Iliade; quand Priam vient au camp des Grecs chercher le corps d'Hector, il est monté sur un char traîné par des mules, cadeau que lui avaient fait les Mysiens (XXIV, 278). Elles sont encore très employées dans la région ; n'avons-nous pas vu, tout récemment, que mille ânes, réquisitionnés à Lemnos, avaient été utilisés pour faire une diversion, et que tout ce régiment avait été exterminé par l'artillerie germano-turque[1] ?

Les mines du Taurus étaient la principale source de l'argent; il était travaillé par les Hittites, qui l'exportaient dans la majeure partie du monde oriental; il existait aussi des gisements d'argent, et il en existe encore, sur la côte de la mer Noire, près de Tripoli, entre Samsoun et Trébizonde. L'argent apparaît dans la couche II d'Hissarlik, où il servait à fabriquer des armes de luxe et des bijoux; il était abondant dans la mer Égée, aux époques prémycénienne et mycénienne.

1. *The Times*, 30 Avril 1915; *L'Echo de Paris*, 1er Mai 1915.

Mais on trouve dans Homère des traces d'autres produits. D'abord l'or, qui a exercé un si grand attrait sur l'esprit hellénique et qui a été trouvé en quantité à Mycènes et à Troie. Il existait en Macédoine et en Phrygie, mais Homère connaît aussi Jason, Médée, le roi de Colchide Aiétès, le navire Argô et la toison d'or; la légende des Argonautes paraît remonter à plusieurs siècles avant lui. Le caractère de cette légende diffère tout à fait des données positives qu'on trouve dans l'Iliade; mais, sous ses apparences mythiques, il semble bien qu'il faille y voir la plus ancienne entreprise des chercheurs d'or, des conquistadores préhelléniques, qui, par la mer d'Hellé et le Bosphore, atteignirent cet Eldorado oriental : Aia du Phasis, aux pieds du Caucase. La toison d'or suggère le vieux procédé, familier dans les placers aurifères, qui consiste à recueillir les paillettes mêlées de sable, en faisant passer sur de la laine le courant du fleuve chargé d'or. Les toiles de Colchide étaient également célèbres.

Les Hittites étaient les principaux pourvoyeurs en fer des marchés helléniques. Le fer est assez rare dans l'Iliade; celle-ci a certainement été composée à une époque où il n'était pas employé couramment. Sauf dans le couteau d'Achille (XI, 844), la pointe de flèche de Pandaros (IV, 123) et la masse dont se servait Areithoos (VII, 141), il n'est jamais utilisé pour les armes, mais seulement pour les ustensiles aratoires et les objets de la vie domestique[1]; on l'échange, avec le bronze, les peaux de bœufs et les esclaves contre mille mesures de vin de Lemnos[2]. C'était un métal exotique. Nous avons vu qu'avant la VIIIe ville, on en trouve à peine un indice dans les fouilles de Troie.

C'est par la grande vallée de l'Halys que venaient les nombreux produits en provenance de l'Asie Mineure centrale et orientale : le cinabre[3] (sulfure rouge de mercure), qui produit le vermillon dont les nefs des Achéens étaient peintes; le jade, dont treize haches de le IIe ville étaient faites, et qui venait sans doute du Turkestan; l'étain du Khorassan, au Nord-Est de la Perse, ainsi que les tapis de Perse et de Mésopotamie. Les marchands cappadociens les expédiaient de la région de Sinope.

Des côtes du Pont-Euxin arrivaient les chalands chargés de bois, abattu dans les grandes forêts du littoral, les vaisseaux remplis de poisson salé, thons et esturgeons (ταρίχη ποντικά des anciens), dont des bandes épaisses descendaient chaque printemps vers le Bosphore de Thrace et dont les habitants riverains, grands pêcheurs, pratiquaient la salaison et l'exportation; ils pêchaient aussi le marsouin

1. Voir les textes dans d'Arbois de Jubainville, *Les premiers habitants de l'Europe*, I, p. 248 et sq.; et dans Helbig, *loc. cit.*; discussion dans Lang, *The World of Homer*, p. 96 et sq.
2. *Iliade*, VII, 472 et sq.
3. Strabon, XII, 2, 10.

et le dauphin, qui fournissaient une huile fameuse dans l'antiquité, d'après Strabon. Cyzique et Byzance avaient pris le thon comme emblème de leurs monnaies.

Un autre mouvement, dont les Dardanelles étaient le débouché, est celui de l'ambre jaune des pays scandinaves, trouvé en assez grande quantité dans les fouilles mycéniennes; ces découvertes établissent l'existence de relations commerciales entre la Baltique et la mer Noire par l'Elbe, la Moldau et le Danube, peut-être aussi par les fleuves de Russie, aux époques les plus reculées[1]. Par là venaient aussi les blés de la Scythie; ce commerce était, à l'époque classique, vital pour Athènes, qui, je l'ai rappelé, sacrifia sa dernière flotte devant Aegos Potamos pour le sauvegarder à son profit.

Tous ces produits, venus du Nord par les plaines scythes ou par mer, du Sud et de l'Est par les caravanes de l'intérieur, étaient chargés dans les ports qui s'échelonnent depuis Trébizonde jusqu'à Érégli (l'antique Héraclée du Pont). Ces riches pays étaient coupés des côtes occidentales de l'Asie Mineure par les hauts plateaux de la Cappadoce et les contreforts du Taurus; les routes de l'intérieur sont très longues, difficiles, presque impraticables; l'Hellespont était, comme aujourd'hui, leur véritable débouché.

1. Déchelette, *Archéologie préhistorique*, p. 624 et sq.

L'exploitation commerciale de ces régions remonte, historiquement, au début du VIIIe siècle, quand les Milésiens fondèrent leur grand empire colonial, depuis Naucratis en Égypte jusqu'en Crimée; sur les côtes, avec de nombreux mouillages et comptoirs, Cyzique et Sinope furent leurs centres, qui, dès le milieu de ce siècle, essaimèrent à leur tour : à Trapézonte, Istros, Odessos, Olbia; un peu plus tard deux villes nouvelles furent créées en Crimée, Théodosie et Panticapée, clefs du Bosphore Cimmérien[1]. Cette colonisation n'est pas née brusquement; les Milésiens ne l'auraient pas inaugurée, si des explorations et des relations commerciales n'avaient pas existé auparavant; on ne peut pas admettre qu'un pareil mouvement colonial n'ait pas été préparé par des voyages, des relations et des échanges antérieurs. Nous avons vu d'ailleurs, que de la poterie mycénienne a été retrouvée jusqu'à Boghaz-Kieuï; l'Iliade nous livre des indices certains de ces relations à l'époque préhellénique.

III. Mysiens et Phrygiens. — Sur le troisième groupe Homère est très sobre de détails.

1. Sur le développement colonial de Milet, voir G. Leroux, *L'Ionie et la colonisation en Orient de Naucratis en Crimée*, dans *L'Hellénisation du monde antique*, leçons faites à l'Ecole des Hautes Études Sociales, Paris, 1914, p. 87 et sq. Le Bosphore Cimmérien est le nom ancien du détroit qui fait communiquer la mer Noire et la mer d'Azof; le Bosphore de Thrace est le Bosphore actuel.

« *Les Mysiens étaient conduits par Chromis et* « *Ennomos, le devin.... Phorkis et Ascanios com-* « *mandaient les Phrygiens d'Ascanie* » (858-863).

Les Mysiens étaient les voisins des Troyens: leur domaine s'étendait, à l'Est de la Troade, depuis l'Hellespont jusqu'à une région mal définie, qui comprenait peut-être la vallée fertile du Caïque où se trouve Pergame[1]. Ils étaient si mêlés aux Phrygiens que l'expression « la Mysie a ses bornes et la Phrygie les siennes » était devenue par ironie un proverbe[2].

Les Phrygiens étaient alors établis dans la vallée du Sangarios (III, 185) et autour du lac d'Ascanie, aujourd'hui le lac d'Isnik; ils occupaient alors sur le Pont-Euxin l'ancienne Bithynie et le Bosphore, par où ils étaient venus de Thrace. Homère les mentionne à maintes reprises[3]; c'est un des motifs que j'ai d'admettre que leur arrivée dans la région est bien antérieure au premier millénaire (voir plus haut, p. 147). A. E. Cowley[4] a émis l'hypothèse que le nom d'Euxin, *Euxinos*, dériverait d'*Axenos* et d'*Ascanios*[5]. Les Phrygiens étaient des proches

1. Si Tarne (*Iliade*, V, 44) doit être identifiée avec Atarneus, comme le propose Allen (*J. H. S.*, XXX, p. 317), le Caïque relèverait de la Méonie; les anciens tendaient à identifier Tarne et Sardes.
2. Strabon, XII, VIII, 2.
3. *Iliade*, II, 862; III, 185; X, 431; XVI; 719.
4. Allen, *loc. cit.*
5. Sur l'importance du nom d'Ascanios dans la légende

parents des Troyens. J'ai déjà rappelé (voir plus haut p. 146) que le frère d'Hécube était du Sangarios (XVI, 719), que Priam était venu à leur aide pour repousser une invasion d'Amazones (III, 189). Ils fournissaient aux Troyens du vin (III, 184) et, d'après Strabon[1], des fromages. C'étaient sans doute des tribus semi-nomades, comme celles qui habitent aujourd'hui cette région, poussant leurs troupeaux par les bois et les vallées. Leurs produits venaient par voie de terre, le long des routes du Sangarios, du Rhyndacos et du Macestos.

IV. Groupe des côtes centrales et méridionales de l'Asie Mineure. — Enfin, le quatrième groupe dénombre des peuples bien connus des Grecs et qui nous sont familiers.

« *Les Méoniens étaient conduits par Mesthlès et* « *Antiphos, nés sur le lac Gygée, dont la patrie est* « *aux pieds du mont Tmolos. Nestès commandait* « *les Cariens au langage barbare, qui possédaient* « *Milet, les bois touffus du mont de Phthires, le* « *cours du Méandre et les sommets de Mycale....* « *Sarpédon et le noble Glaucos conduisaient les* « *Lyciens de la lointaine Lycie et du Xanthos* « *tourbillonnant* » (864-877).

Les mentions du lac Gygée et du mont Tmolos

d'Énée, voir E. Meyer, *Geschichte des Troas*, Leipzig, 1877, p. 69.

1. XII, 8, 8-9.

fixent pour les Méoniens la grande plaine de l'Hermos, Sardes et les rives du Pactole; c'est la Lydie de l'époque historique, qui comprenait en outre la vallée du Caïque et Pergame[1]. L'Hermos « *au cours impétueux* » est nommé au chant XX (392), avec un de ses affluents, l'Hyllos « *poissonneux* » et une ville « *opulente* », Hydé, qui est peut-être un ancien nom de Sardes; elle se trouvait en tout cas à proximité; il est fait mention dans l'Iliade de la légende de Niobé et des nymphes de Sipyle près de Smyrne (XXIV, 605-617). Au Tmolos, nous sommes à 100 kilomètres du fond du golfe de Smyrne et à 200 kilomètres de l'extrémité de la presqu'île d'Erythrées. On ne peut pas dire avec Allen[2] que l'auteur de l'Iliade ne connaît que le littoral de la mer. L'abondance des noms prouve au contraire que la région de l'intérieur lui est familière.

La vallée qui suit est celle du Caystre; Homère en décrit les prairies, où s'ébattent les « *oiseaux* « *sauvages, les oies, les grues et les cygnes au long* « *cou* » (II, 459-463); ce sont ces prairies qu'il appelle les prairies d'Asios[3]. Puis vient la vaste vallée du Méandre, que dominent au Nord les cimes du Mycale. Phthires est un nom qui s'est perdu et qui ne peut guère désigner que le Latmos,

1. Voir plus haut, p. 183, note 1.
2. *Loc. cit.*
3. Voir plus haut, p. 137.

dont la masse imposante et le large fronton en forme de triangle sont inséparables de la grande plaine. La continuité avec la Lycie est établie par le chapelet d'îles qui va de Samos à Rhodes : Syme, Nisyros, Cos et Calymnos, citées dans le catalogue des Grecs (plus haut, p. 164), en même temps que les îles reliant Rhodes à la Crète : Crapathos et Casos. De la Lycie, Homère connaît, outre le Xanthos, la montagne de Solymes (*Il.* VI, 204 et *Od.* V, 283), que domine Phasélis[1], la grande escale du trafic venant d'Égypte, de Phénicie et de Chypre.

C'est là qu'affluaient les produits manufacturés et les marchandises précieuses, les étoffes et les broderies de Sidon, qui faisaient partie de la riche garde-robe d'Hécube (VI, 290). Les Cariens de Milet centralisaient les produits de la Crète et des îles; par la Crète et la Lycie, ils entretenaient des relations avec les Sémites d'Égypte et de Syrie; là se tenaient aussi des marchés d'esclaves (III, 401) et de l'ivoire teint en pourpre (IV, 141). Les relations de Troie et de Chypre à l'époque de la sixième ville, ont été bien établies par les fouilles[2].

1. Voir la belle vue de Phasélis, dominée par la cime neigeuse du mont de Solymes, et description dans le charmant ouvrage de D. G. Hogarth, *Accidents of an antiquary's life*, Londres, 1910, p. 113.

2. Notamment par la présence de poignards chypriotes et de bols chypriotes bien caractéristiques; voir H. Schmidt, *Troja und Ilion*, p. 287; Dussaud, *loc. cit.*, p. 139-140; Déchelette, *L'âge du bronze*, p. 195.

Tout ce commerce, sur lequel on trouvera de nombreux et vivants détails dans les *Phéniciens et l'Odyssée* de V. Bérard, suivait les côtes sous la protection des îles, par le cabotage, qui drainait au passage les produits locaux; j'en ai indiqué plus haut (p. 157) les étapes septentrionales. Les Lyciens, les plus lointains des alliés méridionaux, étaient intéressés au premier chef dans la guerre, comme le montre l'importance des deux rois qui les conduisent, Glaucos et Sarpédon : Glaucos qui se mesure avec Diomède, le plus redoutable des Achéens après Achille, Sarpédon, à qui les Troyens font des funérailles plus solennelles qu'à Hector lui-même. C'est que les Grecs les menaçaient déjà du côté de Rhodes, dont l'empire maritime sera bientôt prédominant, après la chute de Troie; cette chute signifie pour eux la ruine de leur trafic du Nord.

Tels étaient les peuples en présence et les produits échangés. Où s'effectuaient ces échanges, où se faisaient les ventes et se tenaient les marchés?

Leaf et van Gennep ont supposé que c'était sous les murs même de Troie. Ils ont imaginé[1] qu'une grande foire réunissait tous les ans Odios le voyageur, Épistrophos le commerçant, les marins de Lycie, de Carie et de Grèce, dans la grande plaine,

1. Leaf, *Troy*, p. 314 et sq.; Van Gennep, *Religions, Mœurs et légendes*, 5ᵉ série, Paris, 1914, *L'Iliade poème économique*, p. 86 et sq.

à l'abri de la forteresse. C'est au mois de juillet, après les deux mois de navigation des Paphlagoniens et des Lyciens. Les gens du pays se font charretiers, porteurs, marchands de victuailles et de vin. Et l'imagination de se donner carrière pour peindre la scène pittoresque et vivante : les produits étalés sous les auvents, les acheteurs se bousculant et criant, les belles esclaves, les casques empanachés, les armures brillantes. Les caravanes de Phrygie arrivent par delà les collines, les chalands de l'Euxin débarquent sur la côte leurs chargements de bois, d'or, de fer, de cinabre; les Lyciens et les Cariens font briller au soleil leurs étoffes somptueuses et leurs riches brocarts. Puis, à l'automne, la scène se vide; Priam, ses fils, ses nombreux seigneurs et ses soldats, les villageois des environs se livrent aux jeux, aux réjouissances et aux festins dont l'Iliade nous a conservé l'image. Les Grecs rentrent chez eux et se content de vieilles histoires : le mythe de Bellérophon, les légendes lointaines des rivages cimmériens, la prise de Troie par Héraclès; ils supputent les chances et discutent l'intérêt qu'il y aurait à renouveler cet exploit.

Cette hypothèse n'est pas invraisemblable en elle-même; mais il faut se garder des séductions de la fantaisie. Le malheur est qu'il n'est question de ce grand marché ni dans l'Iliade, ni dans aucun document postérieur; il ne s'en trouve pas le moindre indice dans la tradition. Est-il probable qu'un tel événement, s'il avait existé, qui rassemblait tant de peuples sous les murs de Troie, n'ait pas laissé la plus petite trace dans la mémoire des Grecs, si grands amateurs de récits, de fêtes et de spectacles? Nous sommes ici en pleine conjecture. Je croirais plus volontiers que les échanges se répartissaient dans les petits ports échelonnés sur l'Hellespont, à Sestos, Abydos, Lampsaque, Pithyée, et sur la Propontide dont la côte dépendait des Phrygiens, les proches parents des Troyens. La façon dont Homère nous parle de ce trafic de l'Euxin montre que, s'il est bien renseigné, ses provenances ne lui étaient pas très familières ; il en parle par ouï-dire, comme quelqu'un qui n'a pas visité lui-même ces parages; les Grecs n'ont pas dû, à l'époque, s'aventurer au delà de la Propontide et du Bosphore; avant la colonisation milésienne, les Orientaux devaient venir au-devant d'eux et troquer leurs produits dans les escales successives.

Conclusions sur le catalogue

Il est temps de tirer des conclusions de cette analyse du catalogue des alliés.

L'alliance avec Troie des peuples européens est un premier fait remarquable. Un Grec du VIIIe siècle n'aurait pas inventé cette situation politique. Elle correspond au contraire tout à fait à ce que nous savons de l'époque préhistorique, contemporaine ou très peu postérieure aux grands mouvements de peuples de la Thrace vers l'Asie. L'union avec ces Thraces et contre les Grecs de tous les peuples asiatiques est un fait unique aussi dans l'histoire.

La connaissance qu'Homère paraît avoir des rivages de la Propontide et de l'Euxin est curieuse. Entre le lac d'Ascanie et Héraclée, il y a un blanc dans l'Iliade, seul le Sangarios est nommé; il n'est pas question du Bosphore de Thrace ni du Bosphore Cimmérien. L'énumération des villes, des fleuves, des montagnes, des produits, semble faite de seconde main pour cette région. Un contemporain de la colonisation milésienne ne se serait pas exprimé ainsi et aurait parlé de Sinope. Les poèmes cycliques, les *Cypria*, l'*Aithiopis*, qui appartiennent à cet âge, sont autrement renseignés.

Sur la côte occidentale de l'Asie Mineure, les grands noms de l'expansion hellénique à l'époque archaïque : Cymé, Phocée, Smyrne, Erythrées, Clazomène, Colophon, Éphèse sont inconnus de l'auteur du Catalogue et de l'Iliade. Plus encore : les noms de Pergame et surtout de Sardes et du fameux Pactole de Crésus, la Lydie même, ne figurent pas dans le poème, alors que les poètes ioniens postérieurs les connaissent parfaitement.

Cette image de l'Asie Mineure concorde tout à

fait avec celle que l'Iliade nous a laissée de la Troade et de la Grèce : elle est positive et exacte; elle n'est pas une fiction de poète, mais elle n'est pas non plus celle qu'un colon grec du VIIIe siècle nous aurait donnée. Comme les deux autres catalogues, celui des alliés troyens, et tous les passages du poème où il est question d'eux, sont bien antérieurs; ils remontent à une époque où la situation politique, les noms des peuples et des lieux étaient assez différents, à l'époque achéenne, à l'époque de la plus ancienne colonisation grecque dans le Nord-Ouest de l'Asie Mineure[1]. C'est à cette conclusion que nous a déjà conduits l'étude des deux autres catalogues (voir plus haut, p. 142 et p. 168); elle fournit une base solide au rôle que nous avons assigné à la citadelle de Troie et à l'hypothèse que nous avons émise sur les causes de la guerre entreprise par les confédérés, pour lui porter un coup décisif.

1. Les objections de Croiset contre cette conception, *Histoire de la littérature grecque*, I, p. 123, note 2, ne me paraissent pas plus solides qu'à l'égard du catalogue des Grecs : il relève l'omission des Caucones et des Lélèges, le fait qu'Ennomos et Amphimaque, qui y sont cités, ne figurent pas dans le corps du poème, qu'un catalogue ne se trouverait pas dans les Chants cypriens si l'Iliade en eût déjà contenu un semblable.

Les causes de la guerre de Troie

Après avoir montré que Troie n'est pas une fiction de la fertile imagination hellénique, qu'elle a bien été détruite dans une guerre et qu'elle a tous les caractères que lui prête le poète, nous avons vu qu'elle ne pouvait jouer de rôle dans cet angle de la Troade, qui ne commande aucun empire et qui ne mène nulle part, que par la domination exercée sur la route des Dardanelles. Ce n'était pas une ville, mais une puissante forteresse, édifiée pour sauvegarder de grands intérêts. Elle n'a pas été assurément construite dans les marais du Scamandre pour suppléer au manque de pittoresque de la plaine, ni pour intriguer les archéologues de l'avenir! Elle n'a pas été édifiée, entretenue et maintenue dans un état de grande prospérité sans richesse. Ces intérêts, la population de pasteurs et de cultivateurs de la Troade, vivant pour la plupart dans la montagne, à l'abri des incursions du dehors, ne les fournissaient pas; ces richesses, le commerce de l'intérieur ne les procurait pas; elles ne pouvaient venir que du dehors. Voilà où nous en étions[1].

Le catalogue des alliés et les passages du poème

1. Voir plus haut, p. 159.

que j'en ai rapprochés nous ont fourni deux éléments nouveaux.

Nous savions, par les objets découverts depuis Chypre jusque dans les vallées de la Phrygie et jusque sur les rives de l'Halys, que des échanges maritimes avaient existé, dès l'époque préhistorique, entre l'Égée et l'Euxin. L'étude de l'Iliade nous a apporté des précisions sur ces échanges et sur ces courants de trafic, qui de l'Égypte, de la Syrie et de la Crète remontaient le long des côtes pour se croiser devant Troie avec le commerce de l'empire hittite, de la Phrygie, de la Thrace et de la Grèce.

Elle nous a montré ensuite que des peuples puissants, tous les peuples qui font le commerce de l'Euxin, étaient assez intéressés à la conservation de la citadelle de Troie, pour venir la défendre de leur lointaine patrie et prendre part à la lutte. Seuls les empires sémitiques restent en dehors du conflit; les Phéniciens n'y interviennent pas; le point extrême qu'ils aient encore atteint au Nord est Lemnos, la mention en est brève et accidentelle : ils y offrent au roi Thoas un cratère d'argent, qui surpasse en beauté tous ceux de la terre (XXIII, 741-7). Mais les broderies phéniciennes d'Hécube ne lui ont pas été apportées par les marchands de Sidon : c'est Pâris qui lui en a fait hommage en souvenir du voyage où, de Lacédémone, il a ramené Hélène (VI, 289-292). Le commerce des Phéniciens ne dépasse pas, à l'époque, la Crète, Rhodes et Milet; le trafic de l'Euxin ne les intéresse pas. La Lycie est, au Sud, la dernière puissance engagée dans les affaires dont Troie détient la clef.

Cet assemblage de peuples devant les hautes murailles de Troie ne s'explique, comme la forteresse elle-même, que par les intérêts dont elle était maîtresse : le débouché des Dardanelles. C'est cette hégémonie que les Grecs voulaient renverser.

Que la guerre de Troie soit due en partie à l'expansion achéo-éolienne, c'est incontestable. Mais cette expansion n'est pas un simple effet du goût des voyages, ni de l'attrait du butin. La chevalerie homérique n'est pas cette espèce de *Raubrittertum* (chevalerie de pillage) que des écrivains d'outre-Rhin nous ont présentée. Si elle n'avait eu pour objectif que de s'emparer des côtes de Lesbos, de Ténédos et de la Troade égéenne, il n'était pas nécessaire qu'elle mobilisât dans ce but toutes les forces de la Grèce; nous verrons bientôt comment elle s'y prit, au cours de la guerre, avec de petits effectifs et sans frais, pour s'assurer ces possessions (voir plus bas p. 211).

L'occupation des montagnes de la Troade, des hautes vallées du Scamandre, de l'Aisépos et du Granique n'aurait pas justifié non plus une telle entreprise et pouvait être obtenue plus simplement. Il ne semble pas d'ailleurs que les Achéens s'y soient établis. La plaine basse du Scamandre ne présentait en elle-même aucun intérêt, les Grecs n'y réédifièrent plus dans la suite la puissance troyenne; c'est sur les côtes qu'ils établirent leurs comptoirs.

Cette « union sacrée » de tous les peuples de l'Hellade, cette union qui ne s'est réalisée ensuite qu'une seule fois au cours de l'histoire, devant le grand et imminent danger des Perses, ne s'explique complètement ni par la piraterie, ni par l'esprit d'entreprise coloniale; le mouvement autrement important de la colonisation ionienne et dorienne n'a pas créé une seconde Iliade.

Le motif invoqué est une raison d'honneur : les Grecs marchent contre Troie pour venger une violation de l'hospitalité, comme les Épigones s'assemblent autour de Thèbes pour punir le meurtre d'un père. Ce motif ne contredit en rien nos conclusions.

Tous les documents officiels attribuent l'ultimatum de l'Autriche à la Serbie à l'assassinat de Sarajévo; mais la cause profonde est tout autre : le désir d'hégémonie politique et économique de l'Autriche dans les Balkans jusqu'à Salonique et la mer Égée. La beauté d'une femme, cette beauté à laquelle l'antiquité était si sensible, l'outrage à un principe fondamental de ce droit familial et public, dont les Grecs ont jeté les bases dans le monde, peuvent avoir été le *casus foederis* et le *casus belli* qui ont déclenché la guerre, le levier assez puissant pour soulever les masses et la féodalité des seigneurs. Mais l'étude des fouilles et des lieux, celle du poème nous font entrevoir, derrière ces motifs d'honneur, des raisons moins apparentes, mais non moins efficaces : la nécessité pour l'Hellade, dans sa grande expansion vers l'Asie, de détruire la puissance qui barrait l'accès de l'Hellespont, qui menaçait le débouché de la Propontide et risquait de compromettre ce grand trafic, qui ne cessa de s'étendre et de se développer avec les Rhodiens et les Milésiens, sous l'hégémonie d'Athènes et à l'époque des grandes entreprises d'Alexandre en Orient : le trafic du Pont Euxin. La guerre de Troie semble bien, comme nous l'avons annoncé, en même temps qu'une affaire d'honneur, la partie la plus ancienne qui se soit jouée dans le monde, pour la liberté et la maîtrise des détroits[1].

1. Il importe de bien préciser la portée de ces conclusions. L'article de van Gennep cité plus haut est intitulé : *L'Iliade poème économique.* L'Iliade n'est pas et ne pouvait pas être un poème économique; mais elle nous fait entrevoir un état de choses, qui ne s'explique complètement que par l'hypothèse économique. C'est la guerre de Troie, dont les causes profondes paraissent avoir été, pour une grande part, des causes économiques, qui peut être qualifiée, à titre d'hypothèse probable, une guerre économique.

CHAPITRE IV

LA TACTIQUE ET LE PLAN DE CAMPAGNE DES GRECS DEVANT TROIE CONCLUSIONS

La tâche était rude. La citadelle, construite sur un éperon qui s'avance dans la plaine, est admirablement protégée par la nature. L'éperon a environ 700 mètres de largeur, il est séparé au Sud de l'éminence de Pascha Tépé par un petit vallon sans issue; le gros des réserves devait l'entourer; en pénétrant dans ce vallon, dominé de tous côtés par des hauteurs, et qu'il était difficile de tenir, on risquait d'être bloqué et d'être coupé de l'armée (voir carte III). A l'Est, la longue rangée de collines qui était aux mains des Troyens et de leurs alliés, avec tout le pays montagneux de l'intérieur, ne pouvait pas être occupée et n'aurait d'ailleurs permis aucun déploiement de forces. Il n'était possible de s'approcher de la forteresse qu'à l'Ouest et au Nord; mais là les pentes sont abruptes et atteignent près de 30 mètres de haut (voir photographie 4, planche III)[1]; les grosses murailles lisses, faites de grands blocs bien agencés, qui avaient 5 mètres d'épaisseur (voir photographies 8 à 11, planches V et VI)[2], ne pouvaient pas être démolies; seules des forces très supérieures à celles des défenseurs auraient été capables de les escalader.

Or, nous avons vu que l'ensemble des forces confédérées s'élevait, pour toute la guerre, à 1186 vaisseaux; ceux des Béotiens étaient montés par 120 hommes et celui de Philoctète par 50; en prenant la moyenne, ces forces ne dépassaient pas de beaucoup 100000 hommes; c'est le chiffre qu'adopte Thucydide, en le trouvant très faible (I, 10). Il nous paraît, au contraire, considérable pour la population de la Grèce[3]. Les Troyens seuls, ceux qui habitaient la ville, étaient beaucoup moins nombreux : un contre dix, nous dit Agamemnon (II, 123-129). « *Mais*, ajoute-t-il, *de villes nombreuses leur sont* « *venus de puissants auxiliaires, brandissant la* « *lance, qui me repoussent et m'empêchent de renverser la forteresse.* » (II, 130-133). Grâce à leurs alliés, la réserve en hommes des Troyens était à

1. P. 32.
2. P. 48 et 56.
3. Au début de la dernière guerre, la Grèce a mis en ligne 116000 hommes; le nombre total des hommes passés sous les drapeaux, pendant les deux campagnes de 1912-1913, a été de 280000 (A. Andréadès, *Journal des Économistes*, Mai 1915, p. 225).

peu près illimitée; l'accès par voie de terre, qui permettait aux renforts d'arriver, ne pouvait pas être complètement coupé. C'est ce que nous voyons d'ailleurs dans l'Iliade. Au chant XIII, nous apprenons, au cours d'une bataille, que des Phrygiens d'Ascanie « *sont arrivés la veille, pour en remplacer d'autres* » (793), afin de combler les vides dans les rangs décimés; à l'arrière s'est constituée une réserve de Thraces « *nouvellement arrivés* » (X, 434), conduits par le roi Rhésos, dont les chevaux sont les plus grands et les plus beaux du monde; ils ont dû venir par le passage de Sestos et d'Abydos, qui était aux mains des Troyens.

Tactique et Stratégie

La seule tactique était de s'établir fortement entre la ville et la mer, de s'opposer aux communications maritimes et aux mouvements par voie terrestre du côté du Sud, d'investir et d'affamer la ville en la privant de ses sources de richesses, par la cessation de tout commerce, et de l'affaiblir progressivement par une longue guerre d'usure.

C'est bien le plan qui semble résulter de plusieurs passages de l'épopée et de la façon même dont se présente la campagne. L'Iliade est un poème, ce n'est pas un exposé militaire; la stratégie n'intéresse pas plus Homère que la question économique; mais il a créé ses beaux récits d'après des données positives, il a idéalisé et poétisé des faits réels; cela ne paraît pas douteux. Il n'est pas interdit de rechercher dans l'épopée des indices sur les caractères de ces faits. L'hypothèse de la guerre d'usure m'a frappé en relisant l'Iliade. Ce n'est qu'une hypothèse, dont la vérité ne peut pas être démontrée et qui ne peut être présentée qu'à titre de conjecture séduisante. Mais elle rend mieux compte que toute autre des conditions de la lutte, telles qu'elles apparaissent dans le poème, de la longue durée de la guerre et des causes de son succès final.

Cette longue durée, l'antiquité ne l'a jamais mise en doute; elle n'a été traitée de fable qu'au XIXe siècle, où des savants ont pensé que le chiffre de dix avait quelque chose de mythique, comme les dix années de la guerre des dieux contre les Titans et les cinq années du siège de Camicos en Sicile par les Crétois, vengeurs du meurtre de Minos. Mais les idées mystiques des Grecs sur les nombres et sur la perfection de la décade sont bien postérieures; elles dérivent de la doctrine pythagoricienne; tout mysticisme est absolument étranger au génie clair de l'auteur de l'Iliade et de l'Odyssée; le caractère essentiel de ses idées religieuses est la limpidité, l'harmonie et... le bon sens, sans aucune contamination de ces conceptions plus primitives : l'impureté, la communion divine, l'envoûtement du sang versé, qui s'infiltrèrent plus tard, partiellement, par la voie des mystères, dans le culte olympien plus développé, plus achevé et plus pur. Il n'y a en tout cas aucune raison de contester que la guerre ait été fort longue, qu'elle ait duré plusieurs années, comme en témoigne l'Iliade et comme l'a cru l'antiquité entière, Thucydide, le plus probe des historiens, en tête.

« *Neuf années du grand Zeus se sont déjà écou-* « *lées, les bois de nos navires sont pourris et les cor-* « *dages en sont usés* (*II*, 134-5)*; j'ai perdu d'in-* « *nombrables guerriers* (115) *et je n'ai obtenu aucun* « *résultat* (121) ». Signé : Agamemnon. Nous sommes au début du poème. C'est le premier communiqué officiel. On voit qu'il est sincère et que le généralissime ne craint pas de dire la vérité ! Les événements que décrit l'Iliade durent cinquante et un jours et, à la fin de l'épopée, les Grecs ne sont pas beaucoup plus avancés qu'au début.

Les confédérés, nous l'avons vu, paraissent installés solidement sur le rivage. Ils ont tiré leurs vaisseaux sur le sable de la plage (XIV, 31). Ils ont construit devant ces vaisseaux une grande muraille, véritable rempart, solidement bâti en pierres, avec des portes résistantes munies de fortes traverses, avec des tours élevées et des parapets, entourée de tranchées et de fossés profonds (VII, 337 et sq., XII, 3 et sq., etc.)[1]; ces tranchées

1. On a prétendu que ce rempart serait une invention d'un poète postérieur, parce que dans certains passages du chant XI

sont surmontées de talus où se dressent des piques et des pieux pointus, élevés et serrés (XII, 54-55). Entre les vaisseaux et la muraille, un grand camp a été installé avec des tentes, avec des maisonnettes en bois, où rien ne manque, comme je l'ai indiqué (plus haut, p. 111), en objets de table et de maison et en approvisionnements. Une région du camp est réservée aux tombes des guerriers morts en combattant et paraît avoir été défendue par un mur plus petit.

Thucydide pensait que, tout au moins au début de la guerre, les Grecs étaient loin d'avoir amené l'ensemble de leurs forces, que, faute d'argent, ils étaient en nombre insuffisant et que le ravitaillement avait été mal préparé, parce qu'ils avaient cru, à tort, pouvoir vivre facilement sur le pays (I, 11). C'est possible. Ils n'avaient sans doute pas pensé non plus, comme Agamemnon nous l'a appris, avoir à faire à un adversaire sans cesse renforcé par de nombreux contingents alliés. Ce manque de préparation, de prévision et d'organisation a pu peser d'un grand poids sur les événements et jouer un rôle important dans la durée de la guerre. Quel-

le poète parle des fossés, sans mentionner le mur que citent d'autres passages. Ces derniers passages seraient donc postérieurs (Croiset, *loc. cit.*, I, p. 144). Ils sont en tout cas bien habilement insérés dans le reste du poème. Et pourquoi ne seraient-ce pas les mentions du chant XI qui auraient été ajoutées postérieurement? Aucun texte ne résisterait à de semblables critiques.

qu'un a-t-il songé chez nous à cette préhistorique expérience?

La tactique des combats n'est pas moins instructive pour nous éclairer sur le plan de campagne des Grecs, lorsqu'ils eurent reconnu la difficulté de la situation.

Nous ne trouvons pas dans l'Iliade de grande bataille, où la plus grosse part des effectifs seraient engagés pour tenter un effort décisif. C'est un afflux et reflux perpétuel d'unités plus ou moins importantes : pointes poussées par les assaillants, contre-attaques des défenseurs et corps à corps.

Au début du chant XI, par exemple, une offensive, qui devient une affaire assez sérieuse, est décidée par le généralissime. Agamemnon couvre ses jambes de cnémides, revêt sa cuirasse, suspend à l'épaule sa longue épée, s'arme de deux lances en bois garnies de pointes en bronze et se couvre d'un grand bouclier, qui protège le corps tout entier, comme on en voit sur les vases et les peintures mycéniennes (le petit bouclier rond en usage à l'époque grecque archaïque n'est jamais mentionné). Les chevaux restent en arrière au bord des fossés, prêts à la poursuite, si l'attaque réussit ; les guerriers, rangés en ordre, s'élancent à pied, leurs chars au repos derrière eux. Les Troyens, de leur côté, ont placé leurs unités sur la petite éminence, qui se trouve sur la rive gauche du Scamandre, près du village actuel de Koum-Kieuï (voir plus haut,

p. 112). Hector est à leur tête. Les clameurs se lèvent avant l'aurore.

Les troupes en viennent bientôt aux mains : « *Ainsi que dans un champ bien fourni les mois-* « *sonneurs s'avancent dans les sillons, coupant avec* « *la faux l'orge et le froment dont les épis nom-* « *breux tombent à leurs pieds, ainsi Troyens et* « *Achéens se précipitent et s'entre-tuent, sans* « *qu'aucun d'eux ne songe un instant à la fuite.* « *Ils s'élancent comme des loups et se tiennent tête,* « *guerrier contre guerrier... Tant que dura l'au-* « *rore et que s'accrut la lumière sacrée du jour,* « *les traits frappaient les hommes et le peuple* « *périssait. Mais au moment où le bûcheron prépare* « *son repas dans les halliers de la montagne,* « *quand ses bras sont fatigués d'abattre des* « *arbres et qu'épuisé son cœur désire une douce* « *nourriture, les Grecs par leur bravoure réus-* « *sirent à rompre les phalanges* » (XI, 67-91). Agamemnon se précipite dans les rangs ennemis qui fléchissent; les Troyens, dont une partie remontent sur les chariots, battent précipitamment en retraite; le grand roi les poursuit lui-même et, comme des lions, les guerriers s'élancent à sa suite : « *Les fantassins périssent sous les coups des fantas-* « *sins et les cavaliers succombent sous l'airain des* « *cavaliers, un tourbillon de poussière s'élève dans la* « *plaine sous les pieds retentissants des chevaux* » (150-153). Les Troyens rallient la porte de Skées.

Mais Hector a compté sur le désarroi de la poursuite et a préparé une violente contre-attaque des chariots contre les Achéens éparpillés. Alors commencent une série de combats individuels, où l'héroïsme se donne carrière. Ulysse, le prudent et astucieux Ulysse lui-même, « *tel un sanglier* », fait rage; il obtient d'abord des succès notoires; puis il vole au secours de Diomède, dont la vie est en danger, et le couvre de son corps (396-397); mais la blessure de Diomède est grave, Ulysse ne réussit qu'à protéger sa retraite; les Troyens s'acharnent autour de lui, il est bientôt entouré, « *comme un cerf par des chacals* »; Ménélas et Ajax le sauvent de la mort (472 et sq.). Un grand nombre de princes sont tués et blessés, la retraite devient générale. Les Troyens, qui se sont reformés, regagnent tout le terrain perdu, ils serrent l'ennemi de près, javelot contre javelot, bouclier contre bouclier, les casques s'entre-heurtant; la contre-attaque se poursuivit jusque sous les murs du camp, où les Troyens sont arrêtés par les puissants fossés et les phalanges épaisses des réserves hellènes. Une lutte de tranchées s'engage enfin, où, dans la mêlée, dominent les combats individuels.

Au-dessus, de Samothrace à Ténédos, de Ténédos à l'Ida, de Callicolone à la ville, les dieux, Poseidon et Zeus, Apollon, Arès, Héphaistos, Athéna et Aphrodite elle-même, prennent leur vol, comme nos grands oiseaux de l'air.

Sauf ces interventions divines, tout cela se suit logiquement, sans invraisemblance. Je ne prétends pas qu'Homère soit un stratège; mais sous l'accumulation des exploits et des discours, la trame se distingue très bien. Il n'y a aucune incohérence.

Les chefs ne se tiennent pas à l'arrière pour dresser des plans et transmettre des ordres; ils dirigent eux-mêmes les combats et c'est la bravoure qu'ils déploient, c'est leur prestige, la confiance qu'ils communiquent autour d'eux, qui entraînent les hommes dans la lutte et au succès. Cette lutte est menée par groupes de petites unités, qui s'engagent en lignes bien ordonnées, puis se mêlent, jusqu'à ce que l'une des phalanges parvienne à rompre l'autre; alors au combat en rangs serrés succèdent les exploits individuels, dont l'héroïsme et les apostrophes éloquentes ravissaient le poète et ses auditeurs.

S'il n'y a pas de grande bataille décisive, si les communiqués quotidiens, affichés dans les divines demeures de l'Olympe, n'enregistraient que de perpétuelles fluctuations du front, il n'y a pas non plus de siège proprement dit. On parle toujours du siège de Troie; mais il n'en est question nulle part dans l'Iliade; elle ne nous décrit aucun assaut de la ville, thème qui eût été cependant fécond en brillantes prouesses. Il serait plus juste de parler du siège des Grecs, qui subissent des attaques terribles derrière leur grand mur et sont rejetés plusieurs fois jusque sur leurs vaisseaux enflammés (chant XII et chant XV). Andromaque nous parle bien de trois escalades entreprises par Ajax, Idoménée et les plus vaillants des princes (VI, 435-9), au point où l'approche est la plus facile et où les murs sont moins bien construits (voir plus haut, p. 49, 79-80) « *soit qu'ils aient été renseignés* « *par la divination, soit qu'ils aient obéi à l'impul-* « *sion de leur bravoure* »; mais ce sont des faits d'arme individuels, qui n'ont pas réussi et qui sont antérieurs à l'action de l'Iliade. Trois fois Patrocle s'est élancé sur un des angles saillants du mur, mais son audace fut châtiée par Apollon lui-même, qui le repoussa avec violence, en frappant de ses mains immortelles le splendide bouclier du présomptueux héros (XVI, 702-704).

La Guerre d'usure

La stratégie des Grecs ne consiste donc ni en une « *grande offensive* », une bataille décisive dans la plaine, ni en assauts. Voilà qui est certain. Son caractère apparaît tout autre dans le poème.

Les Grecs sont installés entre la ville et la mer, à l'embouchure du fleuve, s'assurant très sagement l'approvisionnement direct en eau. Nous avons vu que le vin ne leur manquait pas non plus : « *De* « *nombreux vaisseaux chargés de vin arrivent de*

« *Lemnos.... Les Achéens chevelus l'achètent, qui* « *avec de l'airain, qui avec du fer brillant, les* « *uns avec des peaux de bœufs, les autres avec* « *des bœufs mêmes ou avec des esclaves; ils* « *apprêtent un somptueux repas* » (VII, 467-475). Lemnos leur servait donc, comme elle nous sert aujourd'hui, de base de ravitaillement. De là, ils font des attaques perpétuelles dans la plaine et empêchent les Troyens de sortir de leurs murs, affaiblissant leur vie publique et menaçant jusqu'à leur vie domestique.

J'ai déjà rappelé que les femmes troyennes n'osaient plus aller laver leur linge à 150 mètres des murs, aux beaux lavoirs de la porte Dardanéenne (XXII, 156; voir plus haut, p. 86). Quand Lycaon, le fils de Priam, va tailler, dans le jardin de son père, des branches de figuier pour consolider son char, il tombe aux mains d'Achille, qui l'emmène de force et le fait vendre sur le marché de Lemnos au fils de Jason (XXI, 35-43). Lorsque Priam obtient d'Achille le cadavre d'Hector, il lui demande une trêve pour célébrer les funérailles. « *Achille, accorde-moi une grâce précieuse. Tu* « *sais que nous sommes enfermés dans la ville; le* « *bois est loin dans la montagne et les Troyens ont* « *très peur de sortir* » (XXIV, 660-663); ils ne se risquent plus dans les collines environnantes. Voilà qui est bien significatif. N'y-a-t-il pas là de nouveaux indices d'une guerre qui traîne en longueur, d'une guerre d'épuisement? Les Grecs ont la mer derrière eux, rien ne les presse. Ne peut-on reprendre un mot désormais célèbre : « Agamemnon grignote les Troyens »? La conjecture est peut-être téméraire, elle n'est pas sans vraisemblance.

Mais ce n'est pas tout. Si la plaine est devenue inaccessible, la voie de l'Est reste ouverte; du côté de la Phrygie, de Thèbe et d'Assos, on peut atteindre Troie par la montagne. Or, l'Iliade contient justement une douzaine de passages, qui ont été rapprochés plus d'une fois et que Leaf a bien remis en lumière[1]; ils décrivent une sorte de guérilla, qu'Achille et ses compagnons ont portée dans les îles, dans la Troade méridionale, dans les ports et les entrepôts du golfe d'Adramytte où ils opèrent toute une série de razzias.

Le point le plus extrême qu'Achille ait atteint est Thèbe, où il a fait une véritable expédition, car c'était une forteresse imposante; il s'en est emparé de force et, dans cette attaque, le père d'Andromaque, Eétion, et ses frères ont trouvé la mort; parmi le butin se trouvaient : la belle-mère d'Hector et la douce Chryséis, l'irréprochable coursier Pédasos,

1. *Loc. cit.*, p. 242-252, 319 : *The great Foray*, le grand raid d'Achille. Les textes sont rassemblés p. 397-399; voici les références : I, 366-369; II, 688-693; VI, 414-428; IX, 128-130; IX, 186-188; IX, 666-8; XI, 101-112; XI, 624-6; XVI, 152-4; XIX, 291-300; XX, 89-96; XX, 187-194; XXIII, 826-9.

une lyre d'argent, dont les accords charment les loisirs du héros, la masse de fer qu'il donne en prix aux jeux après les funérailles de Patrocle.

Dans la plaine de Thèbe, il ravage Lyrnessos et en ramène Bryséis, blonde comme Aphrodite, qui donne son cœur à Patrocle et pleure sa mort si tendrement : « *O malheureux ami d'une infortunée,* « *noble héros qui fus toujours si plein de douceur* ». Sur l'Ida, il s'empare de nombreux troupeaux et de deux fils de Priam qui servent aux Grecs d'otages.

Au retour, son fait d'armes le plus notoire et le plus gros de conséquences est la prise de la citadelle d'Assos, qui commande la vallée du Satnioeis et toute la côte méridionale de la Troade, l'escale principale, ainsi que nous l'avons vu, du trafic de l'Égée. D'après le scholiaste (sur VI, 35), une aventure amoureuse vient s'y ajouter à ses exploits. La prise de Lesbos (sans doute la côte septentrionale et la ville de Méthymna, cette autre escale que j'ai signalée) n'est pas moins considérable. Il en ramène sept femmes, habiles dans les savants ouvrages et qui effacent toutes les autres en beauté. (Décidément le beau sexe joue un grand rôle dans l'épopée : à côté de la noble et admirable épouse, de la mère au cœur angoissé, de l'immortelle Hélène, voici les tendres « petites alliées » ; ces héros et leur poète ont pensé à tout!). Enfin, il s'assure la possession de Ténédos, qui constitue avec Lemnos une base indispensable pour l'armée.

Il se peut que ces exploits n'aient été que des entreprises de brigandage. Il se peut aussi, comme le suggère Thucydide, qu'ils aient eu pour principal objet de remédier à la disette en vivres. N'étaient-ce que des fables? Homère ne nous a pas accoutumés à traiter de la sorte les renseignements dont il se sert. Dans l'Iliade, les légendes sont des légendes, mais les faits ont un tout autre caractère, ils ont la marque de la réalité. Le poète n'a pas relié entre eux ces divers épisodes, il ne les coordonne pas à un plan de campagne des Grecs, il en parle comme de faits bien connus de ses auditeurs, sans insister davantage. Dans quelle mesure se rattachent-ils à l'opération militaire des Grecs contre Troie? Nous ne le saurons jamais. Mais il est très tentant, comme l'a fait Leaf, d'y voir, dans la réalité des faits, sinon dans le poème, un épisode de l'investissement systématique de la citadelle. On remarquera aussi, en passant, comme je l'ai indiqué (plus haut, p. 151, 194), que cette prise de possession des côtes et des îles, était en somme une opération relativement facile; Achille y suffit avec un petit contingent; elle n'exigeait pas une grande expédition nationale de 100 000 confédérés hellènes. S'il ne s'était agi que de coloniser cette région, l'Iliade n'aurait sans doute pas vu le jour.

Troie s'est donc trouvée ainsi réduite à ses propres moyens et aux alliés qu'elle renfermait. Il est probable que les Grecs, avec leurs nombreux vaisseaux, s'étaient rendus maîtres de tout l'Hellespont et avaient fait le blocus de ses côtes. La ville ne peut plus recevoir de renforts du dehors. Il ne lui reste plus de communications avec ses alliés que par les vallées hautes de l'Aisépos et du Granique et ces alliés sont des populations côtières; c'est un investissement presque complet. Elle n'est pas réductible complètement par la faim, mais après plusieurs étés de stagnation absolue des affaires, elle est épuisée, elle est saignée à blanc par le tarissement de ses ressources économiques. Hector, partisan d'une offensive résolue, seule capable de sauver la ville, voit d'ailleurs bien le danger et le dit en propres termes :

« *Polydamaste, tes paroles sans doute ne peuvent* « *me plaire. Quoi, tu nous conseilles de nous retran-* « *cher dans la ville! N'êtes-vous pas las de rester* « *enfermés dans vos tours? Jadis on disait partout* « *que la ville de Priam était riche en or, riche en* « *airain; mais aujourd'hui les objets précieux,* « *ornements de nos palais, ont disparu et nos nom-* « *breuses richesses ont dû être vendues en Méonie* « *et en Phrygie, depuis que le grand Zeus a fait* « *peser sur nous sa colère* » (XVIII, 287-292).[1]

La Méonie, c'est la région du Sud, encore accessible avant le raid d'Achille. La Phrygie, c'est le seul côté où les communications subsistent avec le

1. Voir plus haut, p. 56.

dehors. Dans un autre passage, Achille parle de cet appauvrissement de la ville (IX, 401 et sq.) et Hector indique en propres termes qu'elle s'épuise à nourrir sa garnison et le contingent de ses alliés (XVII, 225); il devait sans doute payer leur entretien et leur solde[1]. L'offensive qu'il conseille n'aboutit qu'à sa propre mort.

La guerre de Troie paraît donc bien avoir été une guerre d'usure. Les Grecs, qui disposaient de la mer et de nombreux vaisseaux, pouvaient librement s'approvisionner en hommes, en armes et en vivres et devaient nécessairement triompher à la longue.

Comment cela a-t-il fini? La ville a-t-elle capitulé sans conditions? Ou a-t-elle résisté jusqu'au bout, si affaiblie qu'elle était incapable de s'opposer au succès d'une ruse comme celle du cheval de Troie[2]? Nous n'en savons rien. Ce qui est certain, c'est

1. A. Andréadès, *Les Finances grecques au temps d'Homère, Compte rendu des séances et travaux de l'Académie des Sciences Morales et Politiques*, avril 1915, p. 434. A. Andréadès pense que cette dépense ne pesait pas sur les Grecs, dont l'armée était nationale et le service gratuit, la charge de l'arme appartenant, comme dans la féodalité, au seigneur; il signale que le rachat était pratiqué.

2. Je ne voudrais pas pousser trop loin la tendance à voir dans tous les détails de l'Iliade des faits authentiques, par réaction contre la *mythomanie*; mais voici un fait, historique celui-là : au temps de la prime jeunesse de Jeanne d'Arc, lors de l'attaque de la forteresse d'Annery, appartenant aux Messins, « un seigneur lorrain profitant de la permission « qu'avait obtenue un de ses amis d'introduire dans la ville « quelques chariots de vin, remplit les tonneaux d'hommes « armés qui, une fois dans la citadelle, la livrèrent au duc

qu'elle a été systématiquement détruite, comme les fouilles nous en ont apporté nettement le témoignage. C'est donc à la force et à la puissance même de Troie que les Grecs en voulaient, c'est en quelque sorte le militarisme troyen, système politique s'appuyant essentiellement sur l'armée, qu'ils avaient en vue de détruire; ils se sont proposé de lui porter un coup dont il ne puisse plus jamais se relever. Ils y ont réussi, non sans de terribles pertes, beaucoup de temps, de patience et d'industrie. S'ils ne se sont pas réinstallés solidement au même point, c'est qu'ils n'en avaient pas besoin. Troie n'avait qu'un mérite, c'est de bloquer l'Hellespont. Une fois détruite, les Grecs n'en avaient que faire. Ils n'avaient pas à rétablir le trafic dont les Troyens profitaient sur le dos des commerçants; leur méthode était toute différente. Commerçants eux-mêmes, habiles et hardis navigateurs, il leur fallait la liberté et la maîtrise des détroits; lorsqu'ils se sont assuré cette hégémonie, ils ont établi sur leurs rives de nombreux comptoirs et, plus tard, de florissantes colonies. Ils ont fait faire à la navigation des progrès considérables et lui ont donné cette grande impulsion dont la vaste colonisation des VIIIe et VIIe siècles sont le témoignage. Troie, sans port, ni avantages naturels, ne pouvait avoir aucune part dans cette nouvelle et brillante fortune.

« de Lorraine ». Marcel Hébert, *Jeanne d'Arc a-t-elle abjuré?* Paris, E. Nourry, 1914, p. 17.

Conclusions

Ainsi la guerre de Troie (celle de la réalité, sinon celle d'Homère, qui nous fournit seulement les indices de cette hypothèse) nous apparaît, non pas seulement comme un poème de l'honneur et de l'héroïsme, mais aussi comme une entreprise considérable, dont les causes profondes ont dû être des causes économiques; son objet essentiel paraît bien avoir été, comme aujourd'hui, de délivrer l'Occident de la menace que la mainmise des Orientaux sur les détroits constitue pour le libre échange, et de s'en assurer le libre usage.

Guerre économique, lutte pour la liberté des détroits, ce sont là des analogies assez frappantes avec ce qui se poursuit en ce moment et ce qui s'est passé dans l'histoire autour des Dardanelles. Nous en avons trouvé d'autres. Les Grecs occupaient une situation analogue à celle des alliés d'aujourd'hui ; ils avaient la liberté de la mer et le libre ravitaillement; ils se sont efforcés, semble-t-il, de réduire l'ennemi par un lent investissement, qui sans être absolu, a fini par être extrêmement efficace; ils paraissent avoir entrepris contre lui une guerre d'endurance, d'usure et d'épuisement dont leur persévérance, leur énergie, leur héroïsme, les ont fait sortir victorieux.

Non seulement la guerre de Troie présente donc

des analogies avec les événements actuels et nous éclaire sur les origines préhistoriques de la question d'Orient, mais il se pourrait qu'elle nous offrît encore un exemple.

Elle nous ouvre aussi des espérances et des perspectives d'avenir.

La chute de Troie est peu antérieure à celle du plus vieil empire oriental qui ait dominé en Asie Mineure, l'empire hittite. Elle a permis ce grand essor colonial de la Grèce, qui, de la mer d'Azov aux bouches du Nil, a créé les centres si vivants et si actifs de l'expansion et de la culture antiques; elle a inauguré par un admirable poème la grande époque, où la jeune Hellade a fait naître la science, la beauté et la moralité occidentales. C'est en Ionie qu'apparaissent, en effet, la science positive et la philosophie; si Athènes pose les fondements de la justice, du droit public, de la morale sociale et individuelle, l'Ionie collabore avec Athènes et avec toute la Grèce pour épanouir dans le monde les inventions de la technique, le charme et la perfection de la beauté. Subjuguée pendant près de deux siècles par les Perses, de Cyrus à Alexandre, la Grèce d'Asie est de nouveau, à partir du IIIe siècle, le foyer de vie, qui répand dans le monde la culture hellénique devenue la culture universelle. Sa pensée conquiert Rome et, à la faveur de la grande paix latine, s'implante définitivement en Occident.

Mais la puissance romaine, déjà énervée par l'envahissement des masses et des religions orientales, est bientôt brisée par l'infiltration lente et la conquête violente des tribus germaniques et teutonnes, dont l'esprit barbare a survécu dans leurs descendants brutaux, contempteurs du droit et de l'humanité; et pour longtemps l'essor de la civilisation est mis en échec.

En Orient, s'installent ensuite des hordes farouches, qui n'ont rien créé, qui n'ont rien édifié, qui n'ont su que détruire. Pendant plus de cinq cents ans l'Asie romaine et byzantine est réduite à une barbarie qu'elle n'avait jamais connue. Le peuple turc, cependant doux, policé et loyal dans la vie courante, y a déchaîné les pires cruautés, lorsqu'il a été excité par le fanatisme politique et religieux de ceux qui le dirigent; ses chefs de bandes et ses gouvernants, arrogants et cyniques, n'ont jamais fait preuve d'intelligence, d'ingéniosité et de méthode que dans le brigandage, les exactions et les massacres qu'ils ont exercés sur les populations conquises par la force. Longtemps l'Europe a entretenu ce fléau, qui n'a dû son pouvoir de vivre et de nuire qu'aux intérêts opposés et à la mésentente des nations occidentales.

L'heure est enfin venue de reprendre, dans l'union des peuples, l'œuvre des Achéens et des Grecs contre ce retour destructeur du monde oriental, qui jamais dans l'histoire, ni au temps des Perses, ni aux âges les plus lointains, n'a fait peser un joug si lourd sur les terres bénies de l'Égée et n'y a tari à ce point les sources de la vie matérielle et morale.

La tâche est aussi rude et beaucoup plus meurtrière que celle des vieux Achéens, car aux successeurs modernes de Mahomet II, qui entraînent leur peuple à sa perte, par une affinité singulière, la lignée rapace et sanguinaire des Hohenzollern a prêté son puissant appui. Nos canons tonnent devant la plaine de Troie; nos guerriers meurent pour la grande cause du droit et de l'humanité; le présent rejoint le passé dans l'héroïsme. Une voix éclatante de poète, comme celle du vieil aveugle de Chio, vient de s'élever chez notre sœur latine, pour affirmer devant le monde la force toujours jeune et vivante du patrimoine hellène; la guerre européenne aura aussi son Iliade, qui exaltera pour toujours dans la mémoire des hommes les exploits de nos héros et les angoisses de nos foyers. Les nations alliées ont reçu l'héritage du feu sacré de l'Hellade et, comme les Lampadodromes de Platon, elles transmettront d'âge en âge les flambeaux de la vie, καθάπερ λαμπάδα τὸν βίον παραδίδουσι....

FIN.

TABLES

TABLE ALPHABÉTIQUE DES AUTEURS CITÉS

TABLE ALPHABÉTIQUE DES MATIÈRES

B

C

D

E

I

J

K

R

S

T

TABLE DES ILLUSTRATIONS

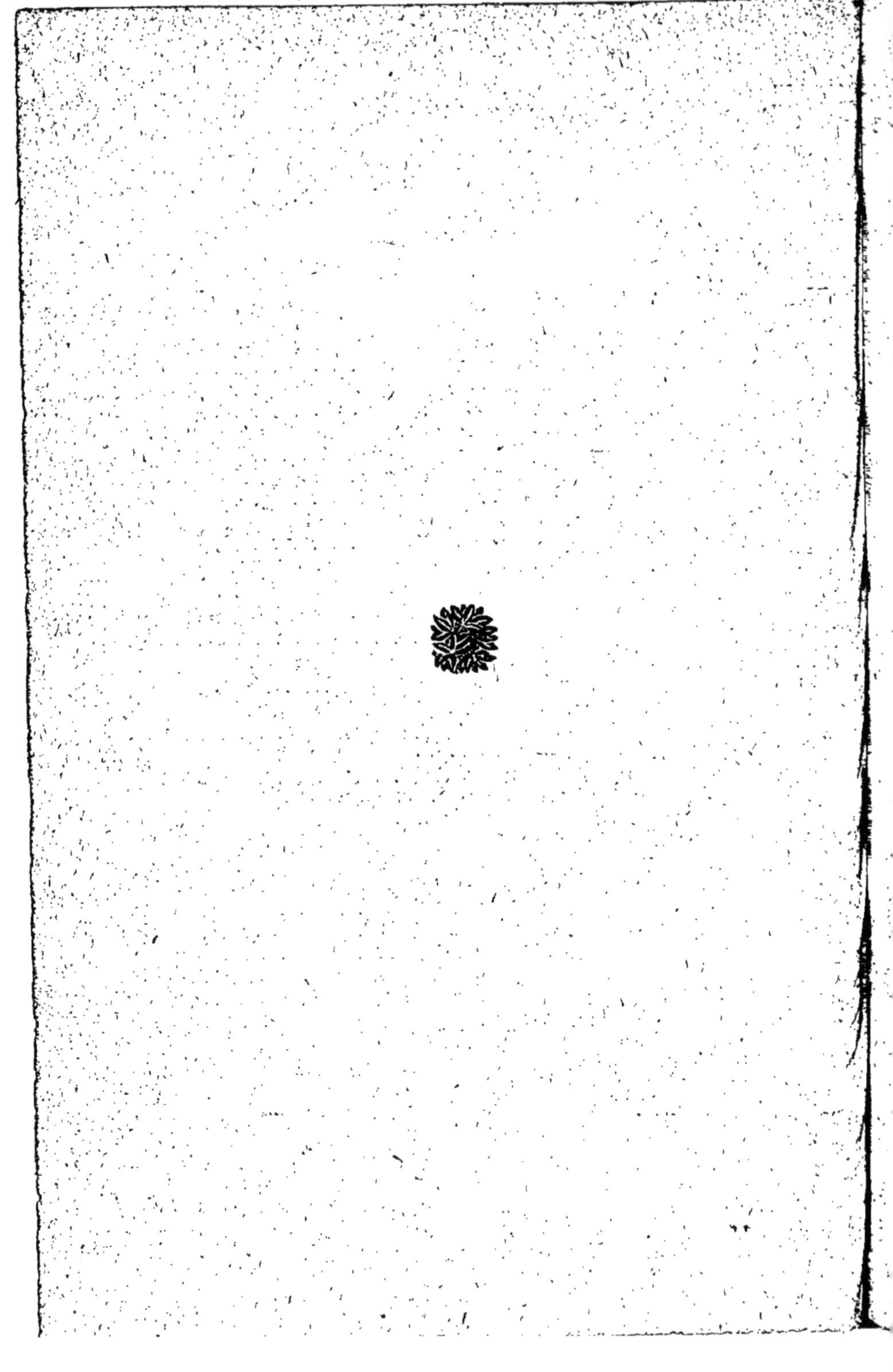

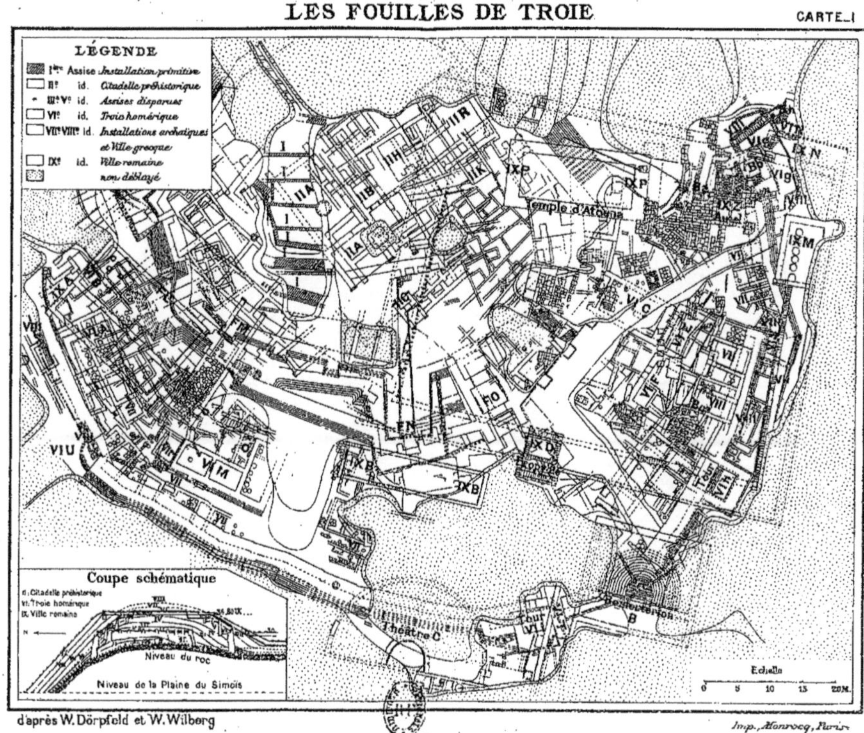
LES FOUILLES DE TROIE
CARTE_I
LÉGENDE
Ire Assise Installation primitive
IIe id. Citadelle préhistorique
IIIe Ve id. Assises disparues
VIe id. Troie homérique
VIIe VIIIe id. Installations archaïques et Ville grecque
IXe id. Ville romaine
non déblayé
Temple d'Athéna
Autel
Théâtre C
Bouleutérion B
Tour VI i
Coupe schématique
Niveau du roc
Niveau de la Plaine du Simoïs
Echelle
0 5 10 15 20M.
d'après W. Dörpfeld et W. Wilberg
Imp., Monrocq, Paris

Carte IV.

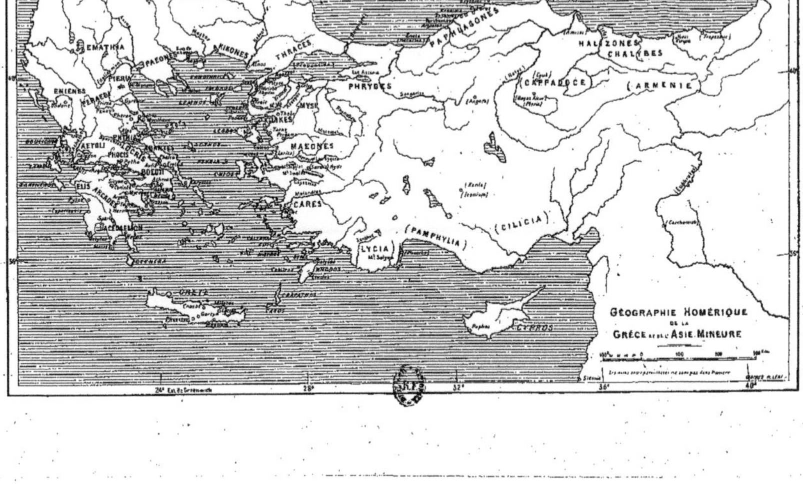

Géographie Homérique
de la
Grèce et de l'Asie Mineure

(PONT EUXIN)

EMATHIA
PAEONES
KIKONES
THRACES
PHRYGES
PAPHLAGONES
HALIZONES
CHALYBES
CAPPADOCE
(ARMENIE)
COLCHIDE
MYSI
MAEONES
CARES
LYCIA
(PAMPHYLIA)
(CILICIA)
AETOLI
PHOCIS
ELIS
LACEDAEMON
CRETE
CYPROS

CARTE III.

TROADE
ANCIENNE
Echelle
Les noms modernes sont entre parenthèses
PROPONTIDE
ILE DE SAMOTHRACE
ILE DE TÉNÉDOS
Alexandria Troas
Dardanos
Abydos
Sestos
Lampsakos
Priapos
Didymoteichos
Zeleia
Scepsis
Cebren
Bairamich
Dardania
Chrysa
Hamaxitos
Gargara
Antandros
Assos
Astyra
Thèbe
Adramyttion
Lyrnessos
Methymna
LESBOS
Sigeion
Neandria
Parion
Pitya

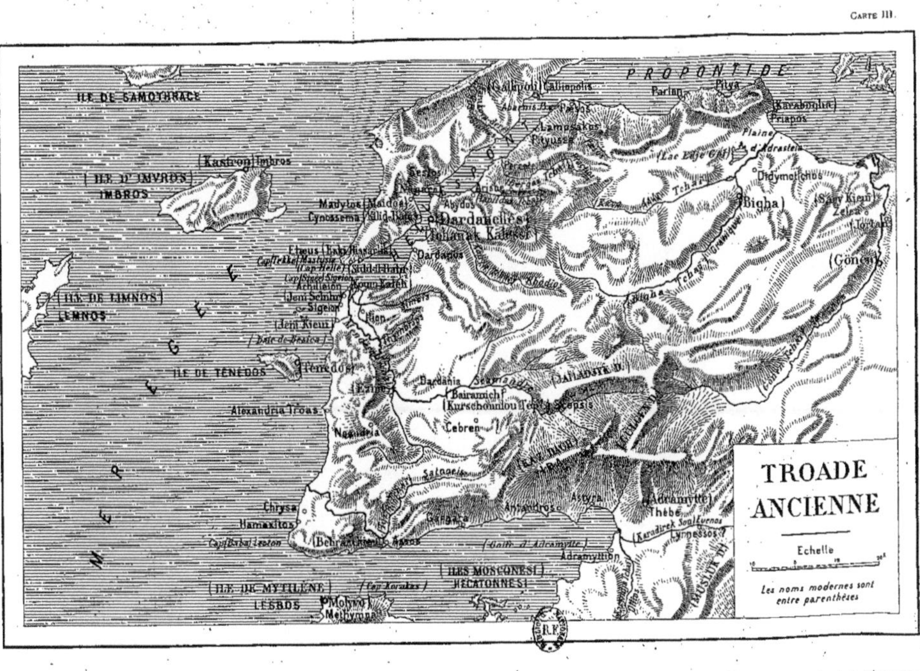

Carte II.

HELLESPONT
Ren Kieuï
OPHRYNION
Koum Kaleh
ACHILLEION
RHOITEION ?
Jeni Schihr
CALLICOLONE
Halil Eli
Doumbrek
SIGEION
Simoïs
Koum Kieui
TROIE
Hissarlik
Demetrios Tépé
ILION
Chiblak
Kalifatli
Ancien Scamandre
Jeni Kieuï
Marais
Scamandre actuel
Yerkassi
Thymbra
Beşica Tépé
Baie de Besica
Oujek Tépé
Bounarbach
Oujek
Bali Dag
PLAINE
DE
TROIE
D'APRÈS
T. SPRATT
Echelle
Les altitudes sont indiquées en mètres

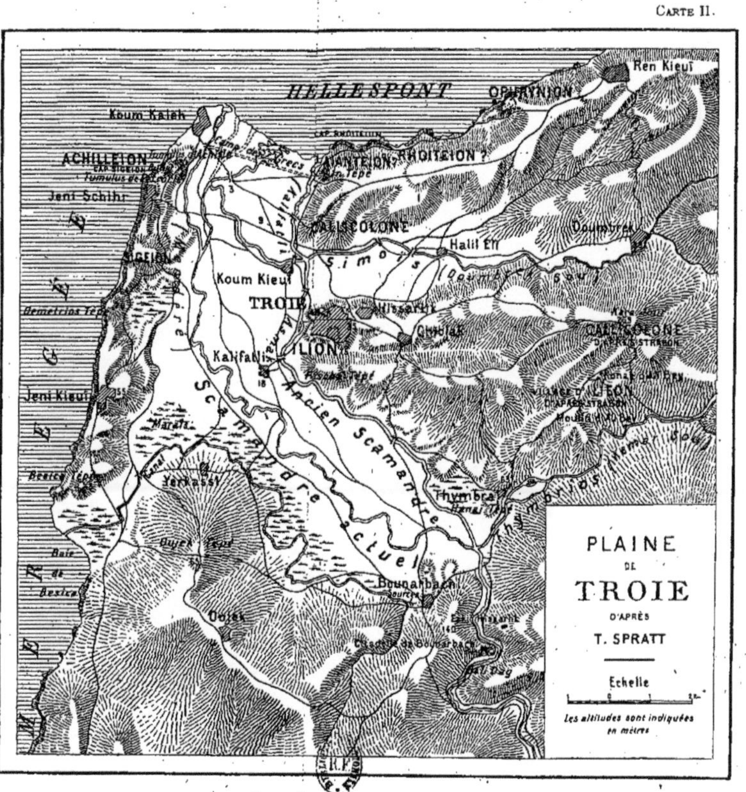

TABLE DES MATIÈRES

76813. — Imprimerie Lahure, 9, rue de Fleurus, à Paris.

www.ingramcontent.com/pod-product-compliance
Ingram Content Group UK Ltd.
Pitfield, Milton Keynes, MK11 3LW, UK
UKHW020131220726
13923UKWH00001B/105